한식을 위한 변명

○ 황광해 지음

한식을 위한 변명

어떻게 지금의
한식이 되었는가

하빌리스

한식과 음식 세계에서 그는
자기만의 시각을 구축해냈다

의심하라고 했다. 기자의 제1 덕목이다.
기자 출신인 저자는 고정 관념과 시중의 상식을 의심한다.
치밀하게 파고들어 입증해낸다.
그 결과가 이 책이다.
보양식이니 신선로니 한정식이니 심지어 '궁중음식'까지도!

더구나 당대의 한식이 일본풍이라는 저자의 지적은 연구자들 사이에서 있어 온 이야기인데, 이처럼 치밀하게 독자적 시선으로 고증해낸 경우는 드물었다.

그는 성역 없이 쓴다. 근거를 대고 비판한다.
한식과 음식 세계에서 그는 자기만의 시각을 구축해냈다.
여러 권의 책이 있었는데, 특별히 이번 책에 주목해야 할 이유다.

요리연구가, 칼럼니스트 박찬일

외길을 보는 모습이 늘 보기 좋다

가까운 사이지만, 자주 만나지는 못한다.
서로 일도 바쁘고, 동선도 다르다.
가끔 만나면 책을 낸다고 한다.

책 준비하고 있어, 원고 쓰고 있어, 원고 쓰기 힘드네, 너무 많이
써서 줄이기 힘드네, 편집 중이야, 책 나왔어. 이런 식이다.

이번에도 마찬가지. 곁에서 지켜보면서, 책 내는 게 참 쉽다는 생
각과 책 내는 게 쉽지 않겠다는 생각을 번갈아 한다.

외길을 걷는 모습이 늘 보기 좋다.

사진가 김용호

왜 힘이 셌던 나라에는
'궁중의 음식'이 없었을까?

작은 의문에서 시작되었다.

"왜 힘이 셌던 다른 나라에는 '궁중음식'이 없을까?"

대한제국은 힘없던, 껍데기만 남은, 짓밟힌 나라였다.

힘센 제국, 일본, 청나라, 러시아, 서구제국의 발아래서 신음하던 나라였다. 그런데 어느 나라에도 없던 '궁중의 음식, 나라님이 먹던 음식'이 등장한다.

왜 그럴까?

공부가 짧으니, 여기저기 물어보고 자료를 뒤져보는 수밖에 없다.

불과 100여 년 전의 일이다.

정확하게 대답해주는 사람도, 근거로 삼을 만한 자료도 없었다.

오랫동안 화두로 가졌던 "한식은 어떤 음식인가?"에 대한 스스로 의문과 대답을 일차 정리한다.

한걸음, 한걸음 가는 수밖에.

공부가 짧으니 느리다. 그저 방향이 틀리지 않기를 기대할 뿐이다.

참 좋았던 우리의 산나물 문화, 달을 가리키는데 손가락 끝만 보고 있는 사찰 음식, 참 혼란스러운 향토 음식. 판타지 무협소설에 나올 법한 대령숙수 안순환.

눈 밝은 이들이 한식에 대해 더 깊고 넓은 이야기를 해주길 기대한다.

졸문을 책으로 엮어낸 출판사의 공이 크다.

재주 없는 이의 글을 꼼꼼히 챙긴 백지영 담당도 고맙다.

공부할 때 늘 버팀목이 되어주는 《조선왕조실록》, 《일성록》, 《승정원일기》를 기록한 분들께 감사드린다.

숱한 문집文集을 남긴 분들께도 깊이 감사드린다.

글쓴이 황광해

①

그런 음식이
아닙니다

시골의 오래된 향토 음식은 없다

결론부터 이야기하자. 한반도에는 향토 음식이 없었다. 지금도 없다. 향토 음식은 허상이다.

우리 지역에 오랫동안 전해져 내려온 고유의 향토 음식이라고 하면 모두들 좋아한다. 가장 좋아하는 이는 지방자치단체들이다. 지자체에서 축제를 하려는데 적당한 아이템이 없다. 이때 '우리 고장에서 생산되는 식재료들로 만든 음식'을 내세우면 좋다. 시비 걸 사람도 없다. 축제마다 우리 지방의 고유, 향토 음식이 나타나는 이유다. 그리고 정작 현장에 나타나는 음식은 전국 어디서나 볼 수 있는 똑같은 음식이다. '고장 향토 음식 도토리묵'이 없는 축제는 없다. 고만고만한 막걸리가 나오고 각 지역별 특산미가 나온다. 저마다 "우리 쌀이 제일 좋다"고 외친다. 근거는 없다. 전국이 똑같다.

어디를 가나 수백 가지 향토 음식이 난무한다. 덕분에 상당수의 음식들이 망가져버렸다.

향토 음식은 진짜 있었던 것일까? 아니면 우리 시대가 만들어낸 터무니없는 허상일까? 허상이라면 왜 향토 음식이 갑자기 등장한 것일까? 자신의 고장을 사랑하고 고장의 음식을 사랑하는 것은 장려할 만한 일이다. 다만 조건이 있다. 그 고장의 음식이 존재할 때의 이야기다.

향토 음식이란 단어는 궁중음식 전문가 고 황혜성 교수의 인터뷰를 통하여 처음 나타난다. 1968년 3월 5일 동아일보의 '수제자 전통예술의 계승자'라는 칼럼의 끝부분에 "황 교수는 현재 향토 요리 자료를 수집 중이다"는 문구가 실려 있다. 이때는 향토 요리라는 표현이었다.

1970년 8월 11일 황혜성 교수가 기고한 칼럼에 "(황혜성 교수가)복중(伏中)에 경상도로 조사 여행을 다니면서 맛본 구수한 향토 음식 몇 가지를 자랑해보겠다"며 깨집국, 콩잎장아찌, 고추지, 메뚜기볶음, 담치(섭조개 홍합) 등을 소개하는 내용이 있다. 이때는 향토 음식이라고 표현했다.

향토 음식, 향토 요리는 대략 50년쯤 전의 표현들이다. 1968년 3월 5일의 기사에 '향토 음식鄕土飮食'이라고 하지 않고 '향토 요리鄕土料理'라고 부른 것은 아직 향토 음식에 대한 정확한 개념이 정립되지 않았음을 의미한다. 술안주(요리)와 밥반찬(음식)을 구별하지 않고 있다.

1970년 9월 25일 동아일보 기사에서는, 청국장을 설명하면서 충청도의 향토 음식이라고 소개한다. 청국장은 예나 지금이나 한반도 전체에서 즐겨 먹었던 음식이다. 충청도의 향토 음식 청국장은 생뚱맞다. 경상도 향토 음식이라고 소개된 메뚜기볶음은 이제 사라졌다. 당시에는 농촌 지역 어디서나 먹었다. 메뚜기볶음이 경상도 향토 음식인지는 불명확하다. 아니, 메뚜기볶음을 굳이 음식으로 분류해야 하는지도 불확실하다. 둘 다 요리라고 표현하기는 허술하니 음식이라고 했을 것이다.

약 10년 후인 1978년 7월 27일 경향신문에는 제법 정확한(?) 향토 음식에 대한 기사가 실린다. '문공부 문화재관리국이 (7월)26일 토속 맛 향토 음식 100종류를 선정했다'는 내용이다. 국가 차원의 향토 음식 보존 필요성에 대한 이야기도 나온다. 문화재관리국이 나섰으면 향토 음식을 전통을 갖춘 문화재급으로 여겼다는 뜻이다. 씁쓰레하다.

1960년대 후반, 70년대를 거치면서 향토 음식 전문가도 나타난다. 대부분이 대학교 조리학과, 가정학과 교수들이다. 향토 음식은 등장한 지 10년 만에 정식으로 국가의 '보호'를 받게 되었다. 문공부에서 정식 선정한 것이다.

경향신문 기사 '토속 맛 향토 음식 100종류'의 내용을 보면 이제는 사라진 음식들이 많다. 당시 발표 내용과 지금의 향토 음식은 전혀 다르다. 40년 동안 향토 음식의 내용이 전면적으로 달라졌다. 수십 년 사이 달라지는 걸 두고 굳이 전통이라고 해야 할까?

선정 기준이나 선정 주체도 불확실하다. 그저 문공부 주관으로 몇몇 '전문가'들이 선정했을 것이다. 자랑스러운 우리 음식, 문화재급 향토 음식은 이렇게 태어났다.

지역별 향토 음식은 없었다

•

향토 음식이 어디서부터 비틀어진 것일까?

간단하다. 한식에 대한 오해에서 비롯되었다. 한식은 지역별로 발달한 음식이 아니다. 일식의 경우는 지역별로 나타난다.

한식은 조선의 음식이다. 조선 음식의 기준은 성리학적 유교의 이념이다. 유교 사회의 바탕은 계층이다. 지역이 아니다. 한식은 지역이 아니라 계층을 중심으로 발전한 것이다. 계층별 음식이다.

한식은 반가 음식, 상민들의 끼니에서 시작된 음식으로 구분해야 옳다. 반가, 상민, 하층민의 음식이 따로 있는 사회가 올바른 사회냐, 아니냐를 따지자는 것이 아니다. 그러했다는 것이다. 지역별 음식이 없는 나라에서 지역별 향토 음식을 찾으니 불과 40년 만에 '국가 공식 지정, 문화재 급 향토 음식'의 내용이 달라지는 것이다.

고 황혜성 교수는 한식을 제대로 세우고 노력한 분이다. 스러져가는 한식을 살리고자 평생 몸 바쳐 일한 분이다. 전문가로서 불행했던 것은 선배나 멘토가 없었다는 점이다. 한희순 씨가 있었다고 하지만 이력이 불분명했다.

고 황혜성 교수는 천안 출신으로 일제 강점기인 1937년 후쿠오카 치쿠시여고를 거쳐 1940년 교토여전 가사학과를 졸업하였다. 국내에 돌아온 후 바로 숙명여대 교수가 되었고 한양대 등을 거쳤다.

황 교수는, 일본에서 공부하면서 일본의 향토 음식을 봤을 것이다. 한식을 세우고 널리 알리고자 하면서 한국에서 궁중음식, 향토 음식을 바로 세워야겠다고 생각했을 것이다.

불행히도, 향토 음식은 일본식 발상이다.

일본은 한국과 지형적, 역사적 상황이 다르다. 일본은 오래전부터 지방 분권의 국가였다. 높은 산악으로 중앙과 지방은 나뉘어 있다. 메이지 유신 이전에는 '번藩'이라고 불린 지방 독립적인 행정 기구가 있었다. 막부와 번은 별도의 행정 조직이다. 번은 독자적인 행정 체계다. 조선의 지방 수령인 관찰사, 감사, 목사, 현감 등은 중앙에서 녹봉을 받는 국왕의 신하였다. 중앙 집권제다.

일본의 번은 독자적인 행정 조직을 갖췄다. 번의 관료들은 다이묘(大名)에게 충성한다. 막부의 힘에 눌려 세금을 바치지만 막부에 적대적인 번들도 많았다. 막부와 막부의 쇼군(將軍)에게 적대적인 번들이 결국 쿠데타, 혁명, 유신의 선봉에 선다. 일본 근대화의 주역 사츠마, 조슈 번은 도쿠카와 막부와 각을 세웠다. 사츠마, 조슈의 사이도 좋지 않았다. 각 지역의 번들도 폐쇄적이었다. 일본인들은 사카모토 료마(坂本龍馬, 1835~1867년)를 일본 역사 최고의 위인으로 여긴다. 그는 사츠마, 조슈 번을 묶어서 막부와 대결하게 했다. 두 '번'은 메이지유신의 주역이 되었다.

사츠마와 조슈는 각각 다른 문화적 배경을 가지고 있었다. 생활 습관도 달랐고 음식도 달랐다. 번에는 그들만의 음식이 있었다. 바로 향토 음식이다.

조선은 중앙 집권제 국가다. 지방에는 중앙에서 임명하는 관리들이 일한다. 음식은 이들을 통하여 뒤섞인다. 향토 음식이 있을 리 없다. 영남 출신 관리들이 호남에서 일하며 장맛을 이야기하고, 기호 출신들이 삼남三南에서 일하거나 서관西關에서 음식을 먹는다. 궁궐의 음식은 반가에 전해지고 반가의 음식들은 궁궐로 들어간다. 한양의 궁궐, 반가 음식들은 관리들을 통하여 지방 반가에도 전해진다.

유교 성리학적 중앙 집권제 국가와 칼에 의한 지방 분권제 국가의 차이를 모르면 엉뚱하게 '향토 음식으로서의 한식'이 등장한다. 한식의 뿌리인 조선의 음식은 계급별 음식이다. 입는 옷, 사는 집, 먹는 음식이 모두 계급에 의해 달라진다. 음식은 유교 사회를 지탱하는 주요 도구다. 음식의 존재 이유는 '봉제사접빈객奉祭祀接賓客'이다. 유교적 가치관을 구현하는 주요한 수단이 바로 음식이다. 음식이 계급별로 다른 것은 당연하다.

탁청정 김유(1481~1552년)가 경북 예안지방에서 펴낸 《수운잡방》에는 궁궐에서도 귀하게 먹었던 타락죽 만드는 방법이 실려 있다. 그렇다고 타락죽이 경북 예안의 향토 음식인가? 아니다. 탁청정 김유의 집안에서는 먹었을지라도 타락죽이 예안 지역의 향토 음식은 아니다. 예안이라는 특정 지역의 음식이 아니라 반가와 궁궐 등 유학의 세례를 거친 사람들이 먹었던 음식이다.

중앙 집권 국가에서 향토 음식은 불가능하다.

허균의 《도문대작》에도 향토 음식은 없다. 각 지방의 음식을 이야기하지만 그 지방의 별미라거나 특미라고 표현하지는 않는다. 그 시절 다녔던 지역의 물산이나 음식을 이야기할 뿐이다. 자기 경험을 이야기한 것뿐이다.

《도문대작》에는 석이병石茸餅이 나온다.

풍악(금강산)에 놀러 가서 표훈사에서 자게 되었는데 주지가 저녁 상에 석이병을 내놓았다. 귀리瞿麥(구맥)를 빻아 체로 여러 번 쳐서 곱게 한 후에 꿀물을 넣어서 석이버섯과 반죽하여 놋 시루에 찐 것이다. 맛이 아주 좋아 찹쌀떡이나 감떡柿餠(시병)보다 훨씬 낫다.

떡(餠)은 귀한 음식이다. 귀하니 제사에도 반드시 쓴다. 남주북병南酒北餠이라 했다. 서울 삼청동 일대의 반가에서는 떡을 먹고, 남산 기슭, 벼슬에 오르지 못한 가난한 딸깍발이 선비나 무관들은 술을 마신다 했다.

허균은 높은 벼슬아치다. 학문도 깊다. 표훈사 주지가 공력을 많이 들여서 석이병을 내놓은 이유다. 떡은 귀한 접대용 음식이다. 석이병이 금강산 지역의 향토 음식일까? 그렇지는 않다. 귀리, 석이버섯 등은 금강산 표훈사에서 비교적 쉽게 구할 수 있는 식재료다. 꿀은 구할 수는 있으나 귀한 식재료다. 석이병은 마음먹으면 만들 수 있는 음식이다. 하지만 일상의 음식을 위하여 '체로 여러 번 쳐서 곱게' 할 정도의 공력을 기울일 필요는 없다. 금강산의 승려들은 먹었을까? 그렇지도 않다. 손님 접대용이지 자신들이 평소에 먹는 음식도 아니다. 《도문대작》의 금강산 석이병은 금강산 향토 음식이 아니다. 떡은 궁궐이나 반가의 음식이다. 같은 한양 도성에 살아도 반가가 아니면 석이병 같은 떡은 힘들었다. 그러면 석이병은 한양의 향토 음식인가? 그렇지도 않다. '반가의 음식'이라고 규정해야 한다. 한식은 지역별 향토 음식이 아니라 계층별 음식이다.

평양냉면, 전주비빔밥이 전통 음식이 아닌 이유

•

반가班家가 있었던 안동 중심의 경상좌도와 진주 중심의 경상우도 정도에 음식 문화가 발달했다. 예외는 평양 일대다. 한양-해주-평양-의주는 대對 중국 통로다. 중국 음식과 한반도 음식이 뒤섞이는 곳이다. 황해도 일대는 기호 지방과 마찬가지로 고려의 음식과 한양 궁중, 반가의 음식이 교류했다. 나머지 지역은 향토 음식이 아니라 음식이 나타나기도 힘든 곳들이었다. 게다가 지금 같이 작은 시, 군들에 향토 음식이 있었을 리 없다.

지역별 음식 혹은 향토 음식에 대한 기록은 육당 최남선의 《조선상식문답》에도 나타난다. 이 책은 1937년 매일신보每日新報에 연재하였던 내용을 1946년 단행본으로 출간한 것이다. 《조선상식문답》의 '지방별 향토 음식'이다.

"(지방 향토 음식은 무수히 많지만) 개성의 엿과 제육, 해주의 승가기, 평양의 냉면과 어복쟁반, 의주의 왕만두, 전주의 콩나물, 진주의 비빔밥, 대구의 육개장, 강원 회양의 곰의 기름 정과, 강릉의 방풍죽, 삼수, 갑산의 돌배말국, 함남 차호의 홍합죽 등이 사방에 이름난 것이다"라고 했다.

이 내용에도 당시 지역별로 유행했던 음식들을 잘못 기록한 부분들이 다수 있다. 불과 80년 전의 기록이다. 확연히 달라졌다. 이걸 '전통 향토 음식'이라고 할 수 있을까?

재미있는 것은 해주의 승가기라는 부분이다. 결론적으로 이야기하자면, 승가기勝佳妓는 왜관倭館의 음식이다. '승가기'는 오늘날에도 흔히 만나는 'sugiyaki'다. 중국 훠궈와 비슷하고 우리의 열구자탕이나 열구지 등과 비슷하다. 갑자기 해주의 명물로 나오니 당황스럽다.

대구 육개장 등에 관한 기록이 처음 나타난 것은 경부 철도가 건설된 후다. 즉, 대구가 대도시로서 성립되는 20세기 초반의 일이다. 향토 음식이라고 할 것까지는 없고 생긴 지 100년 남짓의 음식이다. 평양냉면은 그 이전에 있었다지만 그 역시 '한양 도성에서도 먹고 평양과 그 인근에서도 먹었으나 평양냉면이 맛있다'는 정도다. 평양은 의주를 통하여 중국과 닿아있는 지역이다. 중국 대륙의 앞선 국수 문화가 쉽게 들어온다. 일제 강점기 평양에는 냉면 산업이 발전했다. 이래저래 평양의 냉면이 유명했지만 전통 음식이라고 부르기는 어색하다.

18세기 후반 다산 정약용이 냉면을 먹고 시를 남긴 곳은 황해도 서흥 도호부다. 순조는 1800년 무렵 궁궐에서 냉면을 배달해 먹었다. 가게 이름도 없고 평양냉면이라는 표현은 더더욱 없다. 한양 도성의 저자거리에서 먹었던 음식을 배달시켜 먹은 것이다. 하재 지규식이 대한제국 시기를 전후하여 종로통에서 냉면을 사먹었다는 기록이 여러 차례 나타나지만 그 역시 '냉면'이지 '평양냉면' 혹은 '서울냉면'이라는 표현은 없다. 심지어 경남 의령에서 한밤중에 냉면을 배달시켜 먹었다는 기록도 남아 있다. 평양냉면이 평양의 향토 음식이라는 기술도 어색하다.

오주 이규경의 《오주연문장전산고》에는 평양의 채소 비빔밥이 유명한 음식이라고 분명히 밝힌다. (骨董飯. 菜蔬骨董飯. 以平壤爲珍品) 그러나 이 부분의 기사에는 황주의 작은 새우젓갈 비빔밥(黃州細蝦醢骨董飯)도 나오고 생오이비빔밥, 게장비빔밥 등 여러 가지가 나타난다. 굳이 '비빔밥=채소 비빔밥=평양 향토 음식'이라고 주장할 근거는 없다. 하물며 진주비빔밥을 향토 음식이라고 하기도 머쓱하다. 비빔밥은 전국적으로 널리 퍼졌고 많은 주막, 가게에서 내놓았다. 진주성에서는 나무전거리에서 비빔밥을 팔았고 그때의 비빔밥 집이 지금도 남아 있다. 그러나 진주가 곧 비빔밥의 고장은 아니다. 전주비빔밥이야 더 말할 나위가 없다. 조선시대에는 각 지역에 다양한 비빔밥이 있었다. 1960년대 이후 전주에서 비빔밥이 유명해졌고, 그게 지금의 전주비빔밥이다, 라고 표현해야 맞다.

식재료가 달라졌다

•

또 다른 문제도 있다. 이미 식재료가 달라졌다. 종자들이 달라졌으니 우리가 만나는 식재료들은 이미 수십 년 전의 식재료와도 다르다. '전통 음식'에 사용했던 식재료와는 이름만 같을 뿐 전혀 다른 것들이다. 낙동강 상류에서 잡은 은어로 건진국시 국물을 냈다고 하지만 낙동강에서는 은어를 만나기 힘들다. 안동의 건진국시도 은어로 만드는 경우는 드물다. 예전의 은어 육수 건진국시와 지금의 건진국시는 다르다. 건진국시는 안동의 명물이지만 안동의 향토 음식이라고 부르기는 어색하다.

허균의 시절에는 서해안 전 해역에서 민어를 잡았다. 그래서 민어는 흔하고 서해안에서 두루 생산되니 별도로 기록하지 않는다고 했다. 그래도 민어, 민어회, 민어탕이 목포의 향토 음식인가? 홍어도 마찬가지다. 목포 홍어를 이야기하지만 조선시대에는 서해안 전역에서 홍어가 잡혔다. 특히 백령도 인근에서 홍어를 많이 잡았다는 기록도 있다. 그래도 '목포 홍어'를 향토 음식으로 인정할 것인가? 목포 홍어도 우리 시대가 만든 이야기다. 목포의 향토 음식이라고 하기엔 어색하다.

우리 식단의 기본 채소인 파, 마늘, 무, 배추 등은 100년 전 그것과 전혀 다른 것이다.

비닐하우스 재배나 각종 양식으로 식재료의 원산지를 따지는 것은 무망하다. 겨울철 비닐하우스에서 생산되는 수박의 맛을 두고 원산지, 특산물 등을 따지는 것은 우습다. 강화도 순무같이 몇몇 별난 식재료를 제외하고 대부분의 채소류는 어느 지역에서나 재배가 가능하다. 한반도의 기후 조건이 비슷하기 때문이다. 의외로 제주도에 별미와 향토 음식, 특산물이 많은 것은 제주도가 한반도와는 달리 화산흙 지역이고 기후가 따뜻하기 때문이다. 게다가 먼 바다로 육지와 떨어져 있다. 섞이기 힘들었다. 제주도의 귤을 특산물로 인정한 것은 다른 지역에서는 귤이 나질 않았기 때문이다. 얼마나 귀하게 여겼으면 감귤이 진상되던 날, 황감제黃柑製라는 별도의 시험을 치르게 했을까?

외국산 농축산물, 해산물이 국내산과 맛이 다른 경우가 많다. 한반도의 먹거리들이 맛이 좋지 않으냐는 가정도 가능하다. 그렇지는 않다. 수확 후의 과정들post harvest에 문제가 있는 경우가 많다. 수확 후 저장, 냉장, 냉동, 유통 등에서 맛이 반감된다. 배추나 김치처럼 원산지인 중국에서 싼 것을 고르기 때문에 맛이 없는 경우도 많다.

조선의 궁중에서는 지역별 특산물을 고집하지 않았다. 특정 지역의 곶감이 임금님이 드시던 특산물 곶감이라는 표현은 우리 시대 장사하는 사람들이 만든 말이다. 곶감이 많이 나는 지역에서 곶감을 받았다. "어느 지역의 곶감이 맛있으니 꼭 그걸 진상하라"는 식으로 명한 이는 연산군 정도다.

《신증동국여지승람新增東國輿地勝覽》의 함경도 길성현吉城縣 부분에는 '토산물'로 석이버섯, 수어繡魚, 명태明太, 가자미(鰈魚), 다시마' 등이 나온다. 길성현의 토산물인 명태는 바로 옆의 명천군 어부가 잡아서 이름을 명태라고 붙였다는 이야기가 있다. 엉터리지만《임하필기》에 기록된 내용이다. 명태는 명천군 특산물인가 아니면 길성현 특산물인가?

조선시대에 특산물이란 개념은 없었다. 일본처럼 고베의 화우, 단바산 송이버섯 같은 표현이 없다. 특산물이 없는데 그 지역 향토 음식이 있을 리 없다. 중앙과 지방, 궁중과 반가의 음식이 뒤섞인 나라가 조선이다. 전국의 모든 고위직 관리를 중앙에서 임명, 파견하고 심지어는 상피제相避制를 통하여 연고 지역이나 친인척의 동일 기관 근무도 막았던 나라다. 반가 출신들이 뒤섞이는 것을 당연시했던 나라다. 상업이 발달하지 않았던 조선 초, 중기에 거의 유일하게 움직일 수 있는 사람들은 관리들이다. 관리들이 움직이면 음식도 따라 움직인다. 관리와 음식이 온 나라에 퍼졌다. 이런 나라에서 무슨 특산물과 지역별 향토 음식이 있었을까?

왜 특정 지역의 식재료를 고집할까

•

전주시 홈페이지의 비빔밥 부분을 보면 '전주 10미'라는 표현이 나온다. '비빔밥의 재료는 인근 지역에서 생산되는 식재료로 만든다'고 한다. 기린봉의 열무, 자만동/오목대의 녹두묵(황포묵), 사정골의 감, 신풍리의 애호박, 전주천의 모래무지, 삼례의 무, 서정리의 콩나물, 화산동의 미나리 등이다. 근거는 알 수 없으나 어쨌든 전주시 홈페이지에는 전주 10미라는 표현이 있다. 참 엉뚱한 발상이다. 식재료의 원산지는 조선 궁중에서도 따지지 않던 것이다. 게다가 예전의 10미가 지금 남아 있는지도 불분명하다. 궁중에서도 따지지 않았던 식재료, 이제는 남아 있지도 않은 식재료를 이야기하는 것은 허망하다. 게다가 그 식재료를 중심으로 사용하겠다니.

여담이지만, '전주에서의 천렵'에 관해 애틋한 이야기가 하나 있다.

조선 초기 태종의 형 회안대군은 '2차 왕자의 난'에서 패배, 황해도 토산을 거쳐 지금의 전주인 완산부에 정배된다. 태종은 친형을 살려주고 싶고 곁에 두고 싶다. 하지만 신하들은 죽여야 한다고 끊임없이 상소한다. 회안대군에 대한 부정적인 상소도 올라온다. 그중 '허락 없이 천렵을 했다'는 내용도 있다. 엄벌해야 한다는 뜻이다. 드디어 태종의 교지가 나온다. 형 회안대군의 천렵을 공식적으로 허용한다는 것.

"(태종이) 완산부윤完山府尹에게 전지傳旨하여 회안대군懷安大君이 성 밑(城底) 근처에서 천렵川獵하는 것을 금禁하지 말게 하고"라는 내용이다.

'전주천의 천렵이나 모래무지'는 오래 전의 낭만적인 이야기다. 내수면에서 고기를 잡는 것도 어렵고 또 설혹 잡는다 하더라도 먹어도 되는지 불안하다.

회안대군이 전주, 완산에서 천렵을 했다고 천렵을 두고 전주, 완산의 전통이라고 할 것인가? 다산 정약용은 정조대왕에게 보고도 없이 고향 마현에 가서 천렵을 했다. 그렇다고 경기도 광주, 남양주 일대가 전통적인 천렵 장소가 되는 것은 아니다.

무슨 근거로 전주10미를 내세우는 지 이해하기 힘들다. 예전 것은 무조건 지키자는 것인가? 차라리 회안대군이 천렵하던 곳이라는 스토리텔링이 좋지 않을까?

서울 인사동의 한식집 '두레'는 "전국에서 가장 좋은 농산물을 가려서 사용한다"고 못박았다. 오늘 특정 지역의 농산물이 좋더라도 며칠 후 같은 지역 농산물의 질이 나빠지면 바꾼다는 뜻이다. 특정 지역의 농, 축, 수산물을 고집하는 것은 닫힌 음식, 일식의 방식이다. 일본인들은 지금도 특정 지역의 진귀한 식재료를 찾아 헤맨다.

'열린 음식, 비빔밥'을 내세우는 전주가 왜 일본식 식재료 구분 방식, 일식의 닫힌 방식을 고집하는지 모를 노릇이다.

조선의 궁중에서는 특정 지역의 공물이나 상납의 내용물을 바꾸기도 했다. 《일성록日省錄》 '정조 6년(1782년) 5월 29일'의 기사다. "중간에 대구 大口가 명태明太로 변하면서 40태駄가 90태로 증가한 것에 대해"라고 했다. 공물 품목이었던 대구를 명태로 바꾼 것이다. 대구는 명태보다 크다. 작은 명태로 바꾸면서 양을 늘렸다.

특산물, 향토 음식은 없다. 어느 지역에서나 비슷한 식재료가 나오고 비닐하우스 재배로 농산물의 제철마저 혼란스러운 시대다. 이제 지역 특산물도 없어졌다.

흰 바탕을 마련해야 한다

●

일본인들은 지역별 특산물을 선호한다.

특정 지역의 음식을 좋아하는 일본인들이 '비엔나커피'를 만들었다. 물론 비엔나커피는 비엔나에 없다. 비엔나 특유의 커피는 있으나 그 이름은 일본인들이 만들었다. 이탈리아 사람들이 만든 것이 아니다.

향토 음식에 대한 단추를 한 번 잘못 끼우니 부작용이 심각하다. 많은 지자체들이 향토 음식을 내세우지만 정작 행사장에 가보면 차별화된 향토 음식은 드물다. 억지춘향이다. 조금만 호평을 받으면 다른 지역에서 비슷한 음식을 내놓는다.

지금도 지자체의 축제장에는 어김없이 향토 음식이 등장한다. 향토 음식을 내세우면서 어느 곳에서나 도토리묵, 특징 없는 지역 막걸리를 내놓는다. 막걸리 수준도 엉망진창이다. 특색도 없는 향토 음식, 어떤 식으로든 바뀌어야 한다. 허망하다.

한식의 정신을 망치면서 '향토 음식'을 내세워서 도대체 누가 이익을 보는 것일까?

회사후소繪事後素. 흰 바탕을 마련한 후에 비로소 그림을 그린다는 뜻이다. 《논어論語》'팔일八佾' 편의 이야기다. 한식은 '소素' 즉, 바탕을 희게 만드는 작업이 우선적이다. '먼저 바탕을 희게 할 때' 가장 먼저 되짚어 생각해보아야 할 것이 향토 음식이다.

보양식은 없다

매년, 여름철이 가까워지면 난처하다. 보양식 원고 청탁 때문이다.

하는 일이 어쭙잖은 솜씨로 원고 쓰거나 방송 등에 출연하는 것이다. 짧은 지식이지만, 청탁이 들어오면 웬만하면 승낙하는데 막상 '여름철 보양식'에는 진땀을 뺀다. 없는 이야기를 해달라니 난처하다.

보양식은 없다.

청탁 내용은 늘 비슷하다. 우리 조상들이 드셨던 전통 보양식을 말해 달라는 것이다. 한참을 생각하다가 "조선시대에는 보양식이 없었다"고 대답한다. 상대는 "무슨 소리냐?"고 되묻는다. 삼계탕, 장어, 개고기, 민어 등 얼마나 많은데 보양식이 없다니, 더러 화를 내는 이도 있다. 하기 싫으면 하기 싫다 할 것이지 웬 핑계냐고 화를 낸다. 어쩔 수 없이 전화기를 붙들고 20~30분 정도 설명한다. 이제 난감한 기색이 보인다.

아마 편집팀 혹은 강의 진행팀 내부에서 '여름철 보양식 칼럼'을 기획했을 터이다. 우리 선조들의 지혜가 담긴 여름철 보양식을 아이템으로 하자고 결정했을 것이다. 담당자는 결정 사항을 뒤집어야 할 상황이니 답답할 것이다. 서로 땀이 삐질삐질난다. 진짜 보양식이라도 먹고 싶다.

우리 음식에는 보양식이 없었다. 보양식은 우리 시대의 탐욕과 천박함을 생각 없이 버무린 것이다. 몸에 좋은 음식이라니 조리사들이 반대할 이유가 없다. 여기저기 자료를 보고 보양식을 만든다. 식당도 '몸에 좋은 보양식'을 파는데 주저하지 않는다. 음식 먹고 보양도 된다는데 반대할 이유는 없다. 소비자들도 마찬가지다. 같은 값에 다홍치마다. 단순히 배만 부르는 게 아니라 보양이 된다니 피할 이유가 없다. 여름이 오면 한국 사람들은 누구나 보양식을 입에 달고 산다. 보양식을 먹어야 여름을 무사히 날 것 같다. 그 와중에 멀쩡한 우리 음식만 망가진다.

보양은 '保養' 혹은 '補陽'이다. 앞의 보양은 보호하고 잘 기른다는 뜻이다. 뒤의 보양은 양기를 보충한다는 뜻이다. 보양식은 '保養食'과 '補陽食'을 뒤섞은 것이다. 몸을 보호하고 잘 조정하면서 양기를 더하는 음식이라는 뜻이다. 삼계탕, 장어, 개고기, 민어, 자라, 각종 짐승의 피 등이다. 이외에도 잉어, 쇠고기 음식 등 보양식은 무수히 많다. 이것만 먹으면 무병장수, 100년은 살 것 같다. 하여, 보양식 천지가 되었다. 누구나 인터넷 검색 한 번이면 무수히 많은 보양식을 만날 수 있다.

삼계탕은 없었다

•

우습다 못해 슬픈 것이 삼계탕이다. 삼계탕은 없었다. 그런데 불행히도, 삼계탕은 한국을 대표하는 음식이 되었다. 한식 세계화에 앞장서고 있다. 삼계탕은 우리 시대에 시작한 음식이다. 원형 삼계탕은 수삼과 닭고기를 푹 곤 것이다. 대추, 찹쌀 등도 넣는다. 황기, 엄나무를 넣기도 한다. 불과 50~60년 정도의 역사. 전통은 아니다. 없었던 음식이다.

조선시대에 수삼, 인삼을 넣은 음식, 삼계탕과 닮은 음식이 있었을까? 없었다. 있었을 리가 없다.

인삼은 귀한 약재였다. 조선 후기까지도 인삼, 홍삼은 대중국, 왜(倭) 수출품이었다. 인삼의 국내 소비는 한정적이었다. 약재로 사용되었던 인삼의 주요 사용처는 3곳이다. 중국으로 가는 조공품, 일본 등으로 내주는 하사품, 그리고 사적인 무역이다. 사적인 무역은 사신(使臣)단 일행에게 여비 대신 지급하는 것도 포함한다. 인삼(산삼)의 채취, 인삼 재배, 가공,

삼계탕은 역사가 짧다. 전통적인 음식은 아니다. 닭의 크기도 문제다. 550g 정도다.

유통까지 국가가 철저히 관리했다. 인삼은 말린 건삼 혹은 홍삼이었다.

상민常民들은 채취의 의무만 있었고 먹어볼 기회는 없었다. 권문세가에서도 아주 드물게 만났다.

인삼은 원래 산삼이다. 인삼 즉, '재배 인삼'은 18세기 중후반, 정조대왕 시절부터 여기저기 기록에 나타난다. 재배 인삼이란 밭에서 기른 '가삼家蔘'이다. 가삼은 산삼의 대칭 단어다. 도라지 등으로 만들었던 가짜 인삼, 가삼假蔘뿐만 아니라 가삼家蔘도 가삼假蔘으로 여겼다.

가삼은 1781년에 이미 말썽을 부린다. 경상도 쪽의 인삼, 나삼羅蔘이다. '나羅'는 신라新羅다.

《일성록》'정조 5년(1781년) 11월'의 기록이다. 이날 정조대왕은 규장각 직제학 정민시(鄭民始, 1745~1800년)와 인삼(산삼), 재배 인삼 즉, 집에서 기른 인삼인 가삼에 대해서 이야기한다.

내(정조)가 이르기를, "왕대비전이 드신 인삼이 이처럼 품질이 낮고 맛이 형편없었으니, 더욱이나 놀랍고 송구스럽기 그지없다. 효과를 보려고 한 것인데 도리어 해를 입으시게 되었으니, 이 어찌 말이 된단 말인가."

하니, 정민시가 아뢰기를, "신이 본원의 제조로 있으면서 검칙하여 살피지 못해 이러한 폐해를 초래하였습니다."

하였다. 내가 이르기를, "경무삼京貿蔘은 어떠한가?"

하니, 정민시가 아뢰기를, "품질은 제법 좋습니다만, 가격이 너무 높습니다."

하여, 내가 이르기를, "강계삼江界蔘은 언제쯤이나 올라오는가?"

하니, 정민시가 아뢰기를, "머지않아 들어올 것입니다."

하여, 내가 이르기를, "근래 나삼羅蔘이 어찌 이처럼 품질이 형편

없는가?"

하니, 정민시가 아뢰기를, "명색은 나삼이라고 하지만, 가삼家蔘

이 태반이기 때문에 이와 같습니다."

하여, 내가 이르기를, "남쪽 백성들이 채소밭처럼 기른다고 하는

데, 과연 그러한가?"

하니, 정민시가 아뢰기를, "실로 그러합니다. 백성들이 모두 그

후한 이끗을 얻으려고 매번 속여서 팔게끔 되었기 때문에 실로

이러한 폐단이 있는 것입니다."

하여, 내가 이르기를, "왕대비전의 속미음粟米飲에 넣을 인삼은

호조에서 경삼京蔘을 사서 쓰도록 하라."

하니, 정민시가 아뢰기를, "이미 사 두었습니다."

18세기 후반, 경상도에서는 가삼家蔘을 마치 '채소밭에서 채소 기르듯'
이 했다. 나삼의 절반은 재배 인삼, 가삼이었다. 밭에서 기른 인삼이 산
삼과 같을 리 없다. 드디어는 대왕대비가 드신 인삼까지 산삼이 아닌 가
삼이다. 이 재배 인삼은 강원도와 경상도를 중심으로 널리 퍼졌다.

재배 인삼, 가삼 문제는 쉽게 해결되지 않는다. 오히려 더 발전한다.

《일성록》'정조 14년(1790년) 3월 12일'의 기록에 또 가삼에 대한 이야
기가 나온다. 9년 후다. 기사 제목은 '경상감사 이조원(李祖源, 1735~1806년)

이 상소한 데 대해, 비답을 내렸다'이다.

상소의 대략에,
"(전략)공삼貢蔘의 사체가 얼마나 중요한 것인데 감봉監封을 제대로 하지 못해 이렇게 산삼山蔘과 가삼家蔘이 서로 섞이는 데 이르렀으니, 만약 그 죄를 논하자면 삼가지 못했다는 죄를 피하기 어렵습니다. 자애로운 성상께서 비록 너그럽게 용서하셨으나 신의 마음은 점점 더 위축되니, 부디 속히 관직을 삭탈해주소서."
하여, 비답하기를, "일이 이미 혐의가 없는 것으로 판명되었는데 무슨 일로 운운하는가. 경은 사직하지 말고 직임을 살피라"
하였다.

이해 2월 23일에 이미 사단이 났다. 경상도에서 올려 보낸 인삼에 문제가 있었다. 공물은 춘등春等, 추등秋等, 엽등獵等 등 절기에 따라 봉진封進한다. 엽등은 겨울철이다. 이해 봄에 올려 보낸(춘등) 인삼이 2근斤. 궁중 내국에서 그중 1근 5냥兩을 돌려보낸다. 나쁜 것이다. 산삼을 올려야 하는데 가삼家蔘이 섞였다. 관찰사인 경상감사 이조원이 제대로 살피지 못했으니 문책받을 일이다. 이날의 기록은 파직시켜달라는 이조원의 상소와 사직하지 말라는 정조의 하교다. 9년 전에 이미 가삼 문제가 있었다. 세월이 흘렀지만 가삼 문제는 해결되지 않았다. 정부에서 세금으로 받은 인삼 2근 중 한 근 반이 가삼이다.

재배 인삼이 확대된 이유는 간단하다. 자연산 인삼, 산삼 공급 부족이다. 대중국 혹은 일본과의 공, 사적인 무역으로 조선 왕실에서 약재로 사용할 인삼도 귀해질 정도였기 때문이다.

정조대왕이나 경상도관찰사 이조원, 규장각 직제학 정민시 모두 가짜쯤으로 여겼던 가삼家蔘이 50년도 채 지나지 않아 대량 생산되어 대 중국 무역에 쓰일 줄은 몰랐을 것이다. 쪄서 말린 건삼乾蔘과 백삼白蔘, 홍삼紅蔘에 이르기까지 여러 종류의 인삼이 등장했는데, 민간에서 인삼을 만질 기회는 여전히 드물었다.

1855년(철종 6년) 12월 초. 북경에 간 조선사신단 종사관 서경순(徐璟淳, 1808년~?)이 중국 문인, 화가 주당(周棠, 1806~1876년)과 인삼에 대해서 이야기한다.

주당: 인삼人蔘은 늘 조선에서 오는데, 조선에 어찌 그리 인삼이 많습니까? 조선에서 오는 홍삼紅蔘은 심홍색으로 밝고, 윤이 나는데 산삼과 비교하면 어떻습니까?

서경순: 예전에는 조선에 산삼이 많았으나 이제는 거의 없고 이름만 남았습니다. 산삼이나 종삼種蔘이나 빛깔이 희고 모양도 같습니다. 중국에 오는 인삼도 밭에 심는 것으로 여러 차례 찌고 말리면 빛깔이 저절로 붉고 윤택해집니다.

─《몽경당일사》 제3편

종삼種蔘은 씨앗을 뿌려서 기르는 재배 인삼이다. 70년쯤의 시간이 흘렀다. 가삼은 종삼으로 불렀다. 이름이 달라진 것이다. 이제 조선에서 산삼은 구하기 힘들다. 재배 인삼이 가삼에서 종삼으로 이름을 바꿔 널리 사용된다.

서경순의 대답은 조선 후기의 인삼, 백삼, 홍삼, 산삼 상황을 정확하게 설명한다. 철종 시기인 19세기 중반이다.

귀한 물품이니 해방 후에도 오랫동안 인삼은 국가 전매청의 전매 물품이었다. 일제 강점기에 "건삼을 갈아 넣고 끓인 백숙이 있었다. 그게 삼계탕의 시작"이라는 주장도 있다. 그렇지 않다. 위 기사에서도 왕대비전에서 인삼을 갈아 넣은 속미음을 먹었다고 했다. '속'은 좁쌀이다. 그렇다고 좁쌀 넣은 인삼탕, 삼속탕蔘粟湯이라 부르지는 않는다.

조선시대 기록에서 삼계탕의 그림자를 찾기는 힘들다. 인삼이 귀했고 삼계탕에 들어갈 수삼水蔘의 유통도 힘들었다. 재배 인삼도 주로 건삼이나 홍삼이었다.

1960년대 이후 신문기사에 삼계탕이 나타난다.

정조대왕 시기에도 재배 인삼, 가삼은 가짜 인삼으로 여겼다. 인삼은 산삼이었다.

인삼 생산이 늘어났고 냉장 유통이 가능해졌다. 삼계탕은 수삼으로 끓인다. 인삼 생산량이 많더라도 냉장 유통이 없으면 수삼은 구하기 힘들다. 인삼과 닭 생산이 늘어나고 냉장 유통이 가능해지면서 삼계탕이 생긴 것이다.

엉뚱한 단어의 탄생, 영계

•

고백하자면, 삼계탕을 즐기지 않는다. 이유는 간단하다. 삼계탕이 삼계탕이 아니기 때문이다. 인삼도 문제지만 더 큰 문제는 닭이다. 삼계탕의 닭은 우리가 상상하는 그 닭이 아니다. 20여 일 자란 병아리, 병아리라 하기에도 부끄러운 생명체를 먹고 내 몸을 보양한다는 것이 잔망스럽다. 영계는 우리 시대 식문화의 천박함을 보여준다.

《일성록》 '정조 24년(1800년) 5월'의 기록이다. 제목은 '주원廚院은 꿩과 생선 대신 활계活鷄를 거두어 봉진封進하는 것을 정식으로 삼으라고 명하고, 이어 삭선朔膳과 물선物膳을 대신 거둘 때도 매일 공진하는 규례를 쓰라고 명하였다'이다. 주원은 주방을 뜻한다.

예조 판서 서용보가 아뢰기를, "대체로 진배進排하는 생계生鷄에는 모두 세 가지 명색名色이 있습니다. 여러 해 자란 닭을 진계陳鷄라고 하고 부화된 지 얼마 안 되는 것을 연계軟鷄(영계)라고 하며 진계도 아니고 연계도 아닌 것을 활계活鷄라고 합니다. 무신

년(1788년) 이후로 여름철에 대신 바칠 때에는 연계를 진배하고 겨울철에 대신 봉진할 때에는 활계를 진배하며 혹 아래에서 대신 사용하는 경우에는 진계를 진배한 전례도 있습니다. (중략)지금부터는 여름이든 겨울이든 막론하고 대신 봉진할 때에는 모두 활계로 봉진하고 혹시 하속下屬들이 정식을 따르지 않고 진계를 바치도록 요구하는 폐단이 있으면 이례吏隸는 법에 따라 엄히 다스리고 신칙하지 못한 관원에게는 위제율違制律을 시행하며, 또 부득이 진계를 사용해야 할 경우가 있으면 진계 1마리를 활계 2마리로 쳐서 계산해 줄여주라는 내용으로 정식을 정해 시행하는 것이 어떻겠습니까?"

하여, 그대로 따르고 전교하기를,(후략)

이 기사에는 세 종류의 닭이 등장한다. 여러 해 자란 진계陳鷄와 태어난지 오래되지 않은 연계軟鷄 그리고 그 사이, 한 해 정도 자란 활계活鷄다.

봄철에 부화한 닭은 여름이 되어도 어리다. 고기는 연하지만 작다. 활계, 진계에 비해 가치가 낮으니 논외다. 논의 대상은 활계와 진계다. 오래 묵은 진계는 비싼데 세금을 걷는 과정에서 활계 대신 진계를 요구하는 관리, 관청 노비들이 있다. 위법이다. 만약 앞으로 그런 경우가 있다면 활계 두 마리를 진계 한 마리로 셈하자는 것이다. 오래 묵은 닭을 더 귀하게 쳤음을 알 수 있다.

조선시대 기록에는 백숙白熟이 자주 등장한다. '백白'은 희다는 뜻과 함께 아무런 것도 더하지 않았다는 뜻이 있다. 백수白手는 아무런 일도 하

방사닭이다. 삼계탕은 좁은 공간에서 20여일 기른 닭으로 만든다. 방사닭의 맛과는 다르다.

지 않는 손이다. 백숙은 아무 것도 더하지 않고 그저 물에 익힌 닭고기 음식이다. 조선시대 백숙은 '연계백숙軟鷄白熟'이다. 몇 달쯤 자란 닭이다. 오래 묵혀서 진계로 만들면 좋으련만 넉넉지 않으니 '어린 놈'을 잡는다. 진계나 활계보다 가격이 싼 연계다.

'연한 닭' 연계가 어느 순간 영계로 변신한다. '영계=YOUNG+鷄'다. 정체를 알 수 없는 국적불명의 이 천박한 단어는 우리 시대가 만든 것이다.

조선시대 기록에 영계라는 단어가 있긴 하다. 'YOUNG(어린)'이 아니라 '영계英鷄'다. 석영가루를 먹여서 기른 닭이 낳은 알에 대한 이야기다.

"《본초강목(중국 의학서)》에 따르면, 석영가루로 닭을 길러서 알을 낳으면 먹는다. 양의 기운을 북돋우고 허한 기운을 보충한다."(本草綱目, 英鷄法, 以石英末飼鷄, 取卵食, 益陽補虛)
—《오주연문장전산고》만물편

닭이 석영을 먹으면 어떤 효과가 있는지 알 수 없다. 지금 따라할 일은 아니다. 어쨌든 영계는 없었다. 허상이다.

야들야들한 영계가 보신이 된다는 엉뚱한 믿음 때문에 우리는 20일 남짓 자란 병아리로 매년 여름 몸보신을 한다. 어떻게 보면 이건 음식의 미성년자 성희롱이다. 20일 남짓 자란 병아리를 '영계'라고 부르고 좋아하다니.

닭고기의 맛은 뼈와 머리, 닭발, 껍질에 많이 있다. 생후 20일 '공장 급조' 병아리의 껍질과 뼈에는 닭고기 맛이 들지 않는다. 우리는 엉터리 닭으로 만든 삼계탕에 각종 견과류와 조미료 범벅을 해서 먹고 있다. 그것도 부족해서 삼계탕 맛을 위해 인삼차와 치킨 파우더를 넣는 레시피까지 나왔다.

삼계탕용 육수 팩도 마찬가지다. 제대로 기른 닭을 오래 고면 그게 곧 국물이자 육수다. 별도의 육수가 필요하다? 닭이 맛이 없다는 뜻이다. 음식 방송으로 유명한 이가 방송에서 이걸 대단한 레시피라고 떠든다.

복날이면 줄을 서서 기다렸다가 '보신 삼계탕'을 땀을 흘리며 퍼 먹는다. 이열치열以熱治熱이라고 한다. 방송에 출연한 어느 한의사는 "우리 몸은 겉은 덥지만 속은 차다. 그래서 몸을 덥히기 위하여 뜨거운 삼계탕을 먹는다"고 강변한다. 삼계탕만 뜨거운 건 아니다. 물을 끓여도 뜨겁고 모든 국물 음식은 끓이면 뜨겁다. 몸이 차면 따뜻한 죽이나 미음 한그릇을 먹으면 될 일이다.

더하는 음식이 아니라 빼는 음식이 필요한 시대다. 에너지가 부족해서 몸이 허해진 게 아니다. 순환이 되지 않아서 고장이 난다. 기름 파이프가 막힌 차에 힘이 부족하다면서 휘발유만 자꾸 붓는 격이다. 삼계탕은 약이 아니다. 음식이다. 백번 양보하여 '보신'이 된다 치더라도 지금의 삼계탕은 아니다. 병아리보다 어린 닭에 육수 팩 넣고, 치킨 파우더, 인삼차까지 넣어 푹 고아먹는 삼계탕이 우리 몸에 보신이 될 리는 없다.

왜 아무것도 넣지 않은 백숙을 먹었을까? 한약재는 지천으로 있던 시절이다. 마음먹으면 산에서 들에서 구할 수 있던 시절이다. 그럼에도 아무것도 더하지 않은 백숙을 먹었다. 과유불급. 지나치면 모자람만 못하다.

서양인들 상당수가 치킨 수프에 대한 각별한 기억이 있다. 오죽하면 '내 영혼의 닭고기 수프'랴? 이게 오히려 합리적이다.

"삼계탕이 맛있으니 먹는다"고 해야 한다. 국적불명의 견과류와 조미료탕을 먹으면서 '역시 보양은 삼계탕'이라고 할 게 아니다. 보양이 아니라 미련이다. 삼계탕은 약이 아니다. 보신하겠다는 욕심보다는 "제대로 된 삼계탕을 먹고 싶다"고 해야 한다. 삼계탕, 제대로 만들면 맛있는 음식이다.

개고기, 정확하게는 상식의 재료였다

•

개고기도 참 난처하다. 먹는다, 먹지 않는다의 문제가 아니다. 개고기 이야기만 하면 무턱대고 항의 이메일이 오곤 한다. 한때 '조선시대에 개고기를 먹었다, 아니다'로 논쟁이 있었다. 개고기는 조선시대 내내 상식常食을 했던 식재료다. 물론 보신탕은 아니다.

정조 1년(1776년) 7월, 정조 암살 미수 사건이 발생했다. 영화 〈역린逆鱗〉은 이 사건을 모티브로 만들었다. 영조 때 영의정을 지냈던 김치인(金致仁, 1716~1790년)이 쓴 《명의록明義錄》에 이 사건에 관한 기록들이 남아 있다. 수사 기록인 공초供招를 보면 범인은 궁궐에 침입하기 전 대궐 부근의 개 잡는 집에서 개장국을 먹는다. 암살 미수 후 궁궐에서 도망친 후 개 잡는 집에서 또 개장국을 먹는다. 국왕 암살 미수범이 한양 도성에서 늦은 밤에도 비교적 쉽게 접했던 음식이 개장국, 개고기 끓인 국이었다. 개장국은 보신탕이 아니었다. 조선 후기의 길거리 주막 주요 메뉴였다.

조선시대에는 왜 개고기를 상식했을까? 결론부터 말하자면 먹을 만한 짐승의 고기가 개고기였기 때문이다.

유교는 식용 가축으로 여섯 가지를 정한다. 육축六畜이다. 소, 말, 돼지, 양, 개, 닭이다.

소는 농경의 주요 도구다. 도축을 엄히 금한다. 쇠고기를 마음대로 먹었다간 농사가 망한다. 쇠고기는 금육禁肉이라 불렀다. 말은 통신, 교통의 수단이다. 말 한 필 값이 말고기 값을 상회한다. 말고기 식용은 널리 정착되지 않았다. 돼지는 인간과 먹이를 두고 다툰다. 곡물이 귀한 시절, 돼지 사육은 힘들었다. 한반도 기후도 돼지 사육에 좋지 않다. 돼지는 따뜻하고 습기가 많은 지방에서 잘 자란다. 돼지고기, 돼지고기 음식으로 유명해진 오키나와, 제주도, 일본 규슈 등은 모두 따뜻한 섬이다. 습도도 높다. 안동 장 씨 할머니, 장계향의 《음식디미방》에도 돼지고기 요리법은 드물다. 야저野豬(멧돼지)나 가저家豬(사육돼지)가 한두 번 정도 등장한다. 양은 한반도에서 잘 자라지 않는다. 양도 습도가 높아야 한다. 대관령에서 기르는 것은 관광용이다.

그러니 만만한 게 개와 닭이다. 닭은 개체가 작다. 가정용이다. 역원이
나 주막 등 공공의 장소, 업소용으로는 개가 제일 만만했다.

개고기는 상식이었다. 개고기가 보신용으로 언급된 것은 다산 정약용
의 편지 정도다. 엄밀하게 보신용이 아니고 영양 부족 상태의 형을 위한
보충식이다.

다산 정약용(1762~1836년)과 형 약전(1758~1816년)은 한양에서 호남으로
유배를 떠난다. 1801년이다. 동생 약용은 전남 강진에 정배되고 형 약
전은 더 험한 흑산도로 간다. 유배 생활 중 다산이 형 약전에게 편지를
보낸다. 그 내용 중에 '섬에 떠도는 개를 잡아먹으면 허약한 형 약전이
건강해질 것'이라는 부분이 있다. 나라 전체가 먹을 것이 부족한 시대다.
하물며 곡물이 귀한 섬으로 귀양 간 사람들은 늘 먹을 것이 부족했을 것
이다. 다산은 음식을 그리 가리지 않았지만 형 약전은 음식을 가렸던 모
양이다. 다산은 생선도 즐겼고 개고기도 즐겼다. 그러나 약전은 입이 짧
았다. 형 약전은 유배지에서 죽고 동생은 유배가 풀려 고향으로 돌아와
서 경기도 남양주에서 일생을 마친다. 개고기는 보양식이 아니라 식량
이었다.

조선 후기, '개고기 식용반대론자'가 나타난다. 고종 시절 영의정을 지
냈던 이유원(1814~1888년)의 《임하필기》에는 분명한 개고기 식용 찬성,
반대론자가 나타난다.

연경(북경)사람들은 개고기를 먹지 않을뿐더러 개가 죽으면 땅에

묻어준다. 심상규(1756~1838년)가 북경에 갔을 때 경일庚日(복날)을 맞아 개고기를 삶아 올리도록 하였다. 북경사람들이 크게 놀라면서 이상히 여기고 팔지 않았다. 심상규가 그릇을 빌려 삶았는데 그 그릇을 모조리 내다버렸다.

(황해도)장단의 이종성(1692~1759년)은 잔치에 갔다가 개장국을 보고 먹지 않고 돌아와 말하기를, "손님을 접대하는 음식이 아니다"라고 하였다. 두 사람이 달랐다.

심상규가 성절사로 북경에 간 것은 1812년, 청나라 때다. '다산의 개고기 권유'와 비슷한 시기다. 이때 청나라 사람들은 개고기를 피했다. 중국도 개고기를 제사에 사용하는 등, 상식常食했다. 청나라 이후, 중국인들은 개고기를 피한다. 이유는 두 가지다.

청나라를 세운 만주족은 기마, 수렵 민족이다. 사냥이 주업인 수렵 민족에게 개는 수렵의 동반자이자 목숨을 지켜주는 동료다. 농경 민족의 개와는 지위가 다르다. 남쪽의 광동, 광서성 등에서 지금도 개고기를 먹는 반면, 만주족의 땅이었던 북쪽 지역에서 먹지 않는 이유다. 중국 북부의 개고기 식용은 조선족들의 이야기다.

또 다른 이유는 개가 청 태조 누르하치의 생명을 구했다는 설화 때문이다. 누르하치가 깊은 산에서 정신을 잃고 쓰러졌을 때 개가 불길에서 누르하치를 구했다. 청을 건국한 만주족들이 개를 먹지 않자 중원의 한족들도 따른다.

조선 후기에는 개고기 식용파와 비식용파가 뒤섞인다. 1712년 청나라를 다녀온 김창업은 《연행일기》에서 '평안도 가산의 가평관에서 이민족(오랑캐)에게 개고기와 소주를 대접받았다'고 했다. 1791년 사은사 일행으로 청나라를 다녀온 문인 김정중은 《연행록》에서 '중국인들은 비둘기, 오리, 거위 등을 먹지만 개고기는 먹지 않는다'고 했다.

조선의 개고기 기피 문화는 중국, 청나라를 대하는 태도와 관련이 있다. 병자호란丙子胡亂은 1636년 12월부터 1637년 1월까지 진행되었다. 이른바 '삼전도의 굴욕'이다. 이때부터 청에 대한 적개심이 오랫동안 유지되었다. 약 200년 가까운 세월이 흘렀다. 청에 대한 적개심은 서서히 사라진다. 청나라를 통하여 발전된 서양의 문물을 본다. 북학北學은 청나라를 통하여 배울 것이 있다는 뜻이다. 청, 청을 통한 발전된 문물에 대한 학습욕구 등이 청나라 문화를 받아들이는 계기가 된다. 많은 관리, 사대부들이 청나라를 드나들면서 '개고기 기피 문화'도 받아들인다.

일제 강점기 초기, 개장국은 육개장으로 바뀐다. 조선 후기 기록에도 개고기 먹는 것은 야만이라고 평하는 이들이 나타난다.

한양 도성의 설렁탕, 대구, 경북 지방의 육개장, 따로국밥, 대구탕은 바로 개장국이 소뼈 혹은 쇠고기 중심의 국밥으로 변한 것이다. 개를 대중적인 음식으로 삼았다면 설렁탕, 육개장 등은 널리 퍼지지 않았을 것이다.

개는 보양식이 아니었다. 여름철에 즐겨 먹는 풍습이 있었다는 19세기 중후반의 기록을 두고 '개고기는 보양식'이라고 말하는 것은 지나치다. 여름철에는 고기뿐만 아니라 각종 과일을 먹었다. 과일도 보양식으로 삼을 것인가?

개고기는 조선시대 상식의 재료였다고 표현하는 것이 정확하다. 보양식 개고기는 없었다.

근거 없는 민어 보양식

•

'양반의 보양식은 민어'라는 표현도 근거가 없다. 여름철 민어 보양식은 없었다.

민어는 가격이 싸고 흔한 생선이었다. 생선이 귀한 한여름에 다행히 서남해안을 중심으로 민어가 많이 잡힌다. 살집도 많다. 기름기도 많다. 탕으로 끓이면 그럭저럭 먹을 만하다. 싸고 흔하니 여름철에 쉽게 구해서 많이 먹었다. 그뿐이다. 보양식은 아니다. 민어회는 우리 시대에 시작된 것이다. 조선시대에는 주로 마른 민어를 사용했다. 냉장시설도 없었고 교통도 발달하지 않았다. 먼 서남해안, 서해안에서 잡은 민어를 도시 지역이나 한양으로 옮기기는 힘들었다. 말린 민어, 건민어를 먹었다.

"양반은 민어로, 상민은 개고기로 보신했다"는 말은 그럴 듯하지만 근거가 없다. '양반 민어 보신'은 불가능했다. 양반들은 대부분 한양 도성이나 대도시에 살았다. 개는 흔하게 있지만 바닷가에서 민어를 옮기는 일은 불가능했다. 궁궐에서도 민어회를 먹거나 생민어로 탕을 끓였다는 기록은 없다.

'보신은 첫째가 민어, 둘째가 닭고기, 셋째가 개고기'라는 말도 엉터리다. 기껏 일제 강점기의 몇몇 책에 나오는 근거 없는 이야기를 근거 없이 짜깁기 한 것이다. 원전이나 출처는 없다. 개고기 기피는 청나라 영향 그리고 불교 때문이다. 불교의 불살생과 기마, 수렵 민족의 개고기 기피가 뒤섞인 것이다.

우리 음식에 대해서 설명할 때 흔히 교산蛟山 허균許筠을 '우리나라 최초의 식객'이라고 이야기한다. 교산의 문집《성소부부고惺所覆瓿藁》'제26권 설부說部 5'가 바로 유명한《도문대작屠門大嚼》이다. 여기에 여러 가지 생선들을 명산지별로 설명하는데 민어에 대한 부분은 두루뭉술하게 넘어간다.

> "물고기 중에서 흔한 것은 민어民魚, 조기(石首魚), 밴댕이(蘇魚),
> 낙지(絡締), 준치(眞魚) 등으로서 서해 곳곳에서 나는데 모두 맛이
> 좋아 다 기재하지 않았고, 병어瓶魚와 변종變宗 등의 고기는 맛이
> 좋은 것도 있고 좋지 못한 것도 있어 별도로 쓰지 않았다."

민어탕이 반가의 보신탕이라는 표현은 적어도 교산이《도문대작》을 쓸 17세기 초반에는 없었던 이야기다. 1960년대 서울에 살았던 토박이들의 민어에 대한 이야기도 있다. "8월에 마포나루를 통해서 민어가 많이 들어왔다. 늦여름철, 가난한 이들은 민어탕을 많이 먹었다"는 이야기다. 고만고만한 가내수공업 공장들도 마찬가지. 가난한 시절, 공장 종업원들의 식사를 준비하는 것은 큰일이다. 8월을 넘어서면서 큰 솥에 민어탕을 끓여놓고 끼니마다 공장 사람들이 민어탕을 먹었다는 증언도 있다. 민어, 특히 민어탕은 흔하고 싼, 서민들의 음식이었다.

민어는 보양식이 아니었다. 교산 허균은 《도문대작》에서 민어는 서해안에서 널리 잡히는 물고기라서 별도로 설명하지 않는다고 했다.

민어의 원래 이름은 면어鮸魚다. '鮸'은 '조기 면'이라고 읽는다. 민어와 조기는 사촌지간이다. '鮸'의 중국식 발음이 '민'과 가까워서 복잡한 '鮸' 대신 획이 간단한 '民(백성 민)'을 쓴 것이다. 백성들이 널리 먹어서 민어라 했다는 말은 잘못 알려진 것이다. 민어는 전 국민이 애용한 상식常食이었다. 많이 잡혔던, 그래서 공물로도 많이 바쳤던 물고기다. 백성들의 물고기라서 민어라 한다거나, '반가의 보양식' 모두 근거 없는 이야기다.

우리는 장어를 반기지 않았다

많이들 알다시피, '장어 보양식'은 더 허망하다.

뱀장어를 널리 먹고 귀하게 생각한 것은 일본의 영향을 받은 것이다. 일본인들의 장어 사랑은 유별나다. 초여름, 민물장어(뱀장어, UNAGI)를 먹는다. 일본인들의 풍속이다. 일본인들은 민물장어덮밥인 우나기동을 먹으면서 여름을 맞는다. 장어는 일본인들이 귀하게 여기는 생선이다. 가격도 상당히 비싸다.

우리는 장어를 여름철 보양식으로 여기지는 않았다.

1980년대 중후반, 풍천 장어의 본고장 풍천에 취재 차 몇 번 간 적이 있다. 물이 차기 전 호박돌을 강바닥에 던져둔다. 만조 때 강에 물이 차오른다. 만조를 따라 장어가 강으로 올라와서 호박돌 무더기에 몸을 숨긴다. 물이 빠지면 그 돌을 다시 들어올린다. 돌 아래 숨어 있는 장어를 건진다. 힘들게 잡은 장어는 전량을 일본에 수출한다고 들었다. 이유는 간단하다. 국내보다 높은 가격을 쳐주니 전량 수출한 것이다.

이때까지도 우리는 민물장어를 대단한 것으로 여기지 않았다. 텃밭에서 갓 챙겨온 채소와 장어구이를 권하던 주인은 연신 복분자覆盆子 술을 설명했다. "이 술을 한 잔 마시고 오줌을 누면 요강이 뒤집힙니다." 장어도 정력에 좋다고 설명했지만 주 아이템은 복분자였다. 이날 미처 수출

장어구이. 장어구이는 일본의 '우나기 동' 등을 따른 것이다. 전통적인 보양식은 아니다. 우리 전통 음식 중 보양식은 죽과 미음이다.

되지 않은 풍천장어를 한두 마리 얻어먹었다. 복분자 술과 함께. 화장실에서 요강이 뒤집어지지는 않았다. 장어는, 적어도, 1980년대까지는 보양식이 아니었다.

조선시대에는 장어를 별로 좋게 여기지 않았다. 그때 장어는 정체가 불분명한 녀석이었다.

장어는 '만리鰻鱺' 혹은 '만리어'로 불렸다. 속명이 장어長魚다. 몸이 길다. 그래서 장어다. 다산 정약용(1762~1836년)은 《아언각비雅言覺非》에서 "만리는 장어다. 생긴 것은 뱀과 같다"고 했다. '해만리海鰻鱺'는 바다의 장어, 바닷장어 즉, 뱀장어다. 뱀장어는 바다와 민물을 오간다. 그래서 이름도 바닷장어, 민물장어, 뱀장어다.

다산의 둘째 형이자 평생의 지기知己였던 정약전(1758~1816년)은 흑산도에서 유배생활을 하면서 《자산(현산)어보》를 남겼다. 이 책에 뱀장어와 바닷장어가 등장한다. 바닷장어, 해만리는 뱀장어다.

> 큰놈은 길이가 1장丈에 이르며, 모양은 뱀을 닮았다. 덩치는 크지만 몸이 작달막한 편이고 빛깔은 거무스름하다. 대체로 물고기는 물에서 나오면 달리지 못하지만, 해만리만은 유독 뱀과 같이 잘 달린다. 머리를 자르지 않으면 제대로 다룰 수가 없다. 맛이 달콤하고 짙으며 사람에게 이롭다. 오랫동안 설사를 하는 사람은 이 물고기로 죽을 끓여 먹으면 낫는다.

조선 후기 실학자들은 식재료가 가진 특성에 대해 관심이 많았다. 정약전은 장어죽이 설사를 멈추는 효과가 있다고 했다. 물론 보양식은 아니다. 맛이 달콤하고 짙다는 표현은 장어 설명에 관한 한 우리 시대보다 낫다. 장어를 마치 정력 식품인 양 포장하지도 않았다. 장어는 구워 먹으면 고소하고 달다.

정약전은 이 책에서 민물장어인 뱀장어와 갯장어 그리고 붕장어를 분명하게 구분했다. 갯장어는 '견아리犬牙鱺' 혹은 '개장어介長魚'다. 이빨이 마치 개의 이빨 같이 날카롭고, 무는 힘이 강하다. 여수에서 '하모' '참장어'로 부르는 것이다. 모양에 대해서도 구체적으로 설명한다. "입이 툭 튀어나온 것이 돼지와 같다. 또 이는 개와 같아서 고르지 못하다. 가시가 매우 단단하여 사람을 잘 문다." 개 이빨을 가진 장어가 개장어가 되고 한자 표기로 '介長魚(개장어)' 그리고 오늘날의 갯장어가 된 것이다.

'해대리海大鱺'는 붕장어彌長魚, 아나고다. 바다의 큰 장어라는 뜻이다. 《자산어보》에서는 '눈이 크고 배안이 먹빛이다. 맛이 매우 좋다'고 했다. 뱀장어, 갯장어, 붕장어의 차이를 정확하게 알고 있었다.

보양식 혹은 귀하게 여긴 식재료였을까? 아니다. 보양식으로 쓰지는 않았다. 장어에 대해서는 부정적으로 생각했다. 뱀장어는 미끈미끈하다. 조선시대 선조들은 뱀장어, 장어에 대해서 끊임없이 의문을 가졌다. 아무리 살펴보고 되짚어 봐도, 자꾸 손아귀에서 빠져 나가는 알 수 없는 존재였다. 모습은 뱀같이 길었다. 뱀같이 긴 모습이니 '배암장어' 곧 뱀장어다. 바다에서 발견했으니 바닷장어였다. 민물장어가 바다에서도 나타나니 혼란스러웠다. 장어를 혼란스럽게 여겼던 것은 바로 장어 출생의 비밀 때문이었다.

뱀장어는 바다에서 태어나서 민물에서 살다가 산란기에는 다시 깊은 바다로 돌아간다. 다른 회귀성 어류와는 정반대다. 사람들이 관찰하기 힘든 해저 2,000~3,000미터 깊은 바다에서 알을 낳고 죽는다.

산란장으로 돌아가기 전까지는 육안으로 암수의 구별이 불가능하다. 암컷의 뱃속에도 알은 없다. 뱀장어는 산란장에 도착했을 때 비로소 알을 제대로 가진다.

뱀장어는 그믐밤에 자신의 그림자를 가물치의 지느러미에 비추고 그곳에 알을 낳는다. 그믐밤에 뱀장어는 가물치와 교미하여 알을 낳고 수정한다. 뱀과 가물치가 교미하여 새끼를 낳는다.

이런 허무맹랑한 이야기가 떠돌았다. 정체가 확인되지 않는 식재료는 사용하지 않는 것이 원칙이다. 민간에서는 먹었지만 반가, 궁궐에서는 특별하게 여기지 않았다. 보양식은 터무니없다.

일본인들은 일찍부터 뱀장어를 귀하게 여겼다. 조선 중기 문신 남용익(1628~1692년)은 조선통신사 종사관으로 일본에 갔다. 그는 "(일본인들은) 구이(炙)는 생선이나 새鳥로 하는데 뱀장어를 제일로 친다"고 했다(《문견별록》).

장어가 긍정적인 이미지를 가진 것은 아니었다. 송암 이로(1544~1598년)는 오리 이원익에게 보내는 편지에서 "용이 없으면 미꾸라지와 뱀장어가 춤을 추고, 호랑이가 떠나면 여우와 살쾡이가 날뛴다"고 했다(《송암집》). 조선시대 기록 중에는 '용 대신 뱀장어'로, 뱀장어를 비하한 표현들이 많다. 뱀장어를 귀한 음식으로 여기는 것은 일본 풍습을 따른 것이다. 조선 8대 국왕 예종이 족질足疾, 발병 치료 차 뱀장어를 먹었다는 이야기도 근거가 없다. 뱀장어를 보양식 혹은 궁중의 보양식으로 부르는 것도 물론 엉터리다.

보양식이라 부를 수 없는 이유

•

보양식에 관한 한, 우리는 발전이 아니라 퇴보의 시대를 살고 있다. 있지도 않았던 보양식을 억지로 만들어서 퍼먹고 있다. 정력에 좋다, 여름철에 땀을 많이 흘리는데 아주 좋다, 남자가 혹은 여자가 먹으면 아주 좋다…. 방송 등에 나오는 사이비 전문가의 말을 들어보면 세상에 불치병도 난치병도 없을 것 같다. 사소한 염증부터 각종 난치성 암까지 음식과 식재료로 모두 고칠 수 있다. 스타 의사, 한의사, 건강음식 전문가들이 모두 음식, 간단한 동작으로 모든 질병을 고칠 수 있다고 말한다.

약은 약사에게, 치료는 의사에게!

언젠가 '시금치에는 비타민C가 많아서 감기예방에 좋다'고 주장하면서 시금치 요리법을 장황하게 설명한 대학교수가 있었다. 물론 엉터리다.

우선 시금치에 비타민C가 어느 정도 있는지 알지 못한다. 인터넷 검색에서 찾아본 정도로 함부로 말한다. 시금치라고 비타민C가 없을 리 없지만 얼마만큼의 양인지, 과연 감기 예방에 효과적인지 등등은 정확히 알려지지 않았다. 비타민C가 감기예방에 효과가 있는지, 아닌지는 아직도 정확하게 밝혀진 바가 없다. 의학계에도 여전히 논쟁 중인 걸로 알고 있다.

더 큰 문제는 다른 데 있다.

성분 분석을 해본 시금치와 우리가 먹는 시금치는 성분이 전혀 다르다. 밭에서 시금치를 수확하면 운송 트럭이 올 동안 밭에 몇 시간 동안 눕혀 놓는다. 자동차가 오면 차에 싣는다. 이 차량은 고속도로 등으로 대도시 도매시장으로 간다. 빨리 가도 다음날 새벽이다. 차에서 내린 다음, 창고 등에 쌓아 두었다가 판매대에 내놓는다. 그동안 시금치의 비타민C가 파괴된다. 대부분의 소비자들은 도매상-소매상을 거친 시금치를 구한다. 햇볕과 열에 노출되면 시금치의 비타민C는 파괴된다. 드디어 조리 과정을 거친다. 뜨거운 물에 시금치를 데친다. 대부분의 비타민C는 뜨거운 물에 파괴된다. 과연 밭에서 수확한 시금치의 비타민C가 얼마나 남아서 우리 밥상에 오르는지는 알 수가 없다. '시금치'와 '우리가 먹는 시금치'의 성분은 다르다. 그저 시금치는 시금치라고 말한다. 시금치에는 비타민C가 많으니 감기예방에 좋다고 대학교수, 전통음식 조리사, 음식전문가, 음식칼럼니스트라는 이들이 떠든다.

감기는 '고칠 수 없는 질병'이라는 것이 상식이다. 몸의 면역력을 길러서 대처하는 것이 올바른 방법이다. 현대의학도 직접적인 치료법을 찾지 못하는 것이 감기다. 시금치가 감기 예방에 효과적이라면 시금치를 동네 슈퍼가 아니라 약국에서 팔 일이다.

우리는 이런 엉뚱한 시대를 살아가고 있다. 보양식은 없다. 하물며 음식으로 병을 고친다고?

'식약동원食藥同原'은 특정 음식을 약 삼아 먹으라는 것이 아니다. 제대로 기른 식재료로 제대로 조리해서, 꾸준히 먹으면 몸의 면역력이 좋아진다. '제대로'는 균형, 곧 '평'이다. 요란 떨지 말고 특효를 지닌 보양식이나 치료 음식을 찾지 말라는 것이다. 좋은 음식을 오랜 기간 먹으면 몸의 면역력이 높아지고 질병으로부터 자유로울 수 있다는 뜻이다. 질병이 왔을 때 약을 먹는 것이나 평소 면역력을 높여 질병으로부터 벗어나는 것은 같은 의미다. 그래서 식약동원이다. 잔꾀를 부려서 남이 모르는 특효 보양식을 먹거나, 귀찮은 여러 가지를 하지 않은 채 공짜로 건강을 챙기겠다는 얄팍한 술수를 부리지 말라는 뜻이다.

먹음직스러운 사찰 음식은 없다

'사찰 음식'은 엉뚱하다. 생뚱맞다. 달을 가리켰더니 모두들 손가락 끝을 보고 있다.

채널A에서 하는 〈먹거리 X파일〉의 착한 사찰 음식편에 출연한 적이 있다. 제대로 만든 절 음식을 찾는 프로그램이었다. 유명하다는 사찰 음식 전문점에 갔다. 음식 가격이 제법 높았다. 음식 색깔도 화려했다. 알록달록하면서 자로 잰 듯 반듯한 음식을 큰 쟁반에 펼쳤다. 호화로웠다. 음식 하나하나가 좋은 재료에 멋진 솜씨를 곁들인 것이었다. 이른바 코스 요리였다. 화려한 음식이 연이어 쏟아져 나왔다. 장뇌삼과 송이버섯이 나왔을 때는 기가 막혔다.

대한민국 어느 사찰에서도 코스로 밥을 먹는 걸 본 적이 없다.

"한국 조리사가, 한식 재료로 만든, 화려한 퓨전 음식"이라고 했더니 일행 중 한 사람으로부터 반박이 나왔다. "한식도 세계화하려면 재료, 음식 색깔도 신경 써야 하고 그릇이나 스타일링도 감안해야 하지 않느냐?"
하고. 그럴듯하지만, 틀렸다. 왜 음식이 화려해야 하고 그릇이나 데커레
이션을 신경 써야 하느냐고 되물었다. 그래야 소비자들로부터 인정을
받고 외국인들로부터 호평을 받을 수 있다는 대답이 나왔다. 대체 비싸
고, 화려하고, 달고 맛있어야 소비자들이 좋아한다는 발상은 어디서 시
작된 것일까?

음식의 '세계화'는 꼭 해야 하는 걸까? 사찰 음식까지 외국음식과 경쟁
시키고, 외국인에게 호평을 받아야 하는 걸까? 그걸 사찰 음식이라고 내
세우면 외국인들은 한국 스님들이 매일 호의호식한다고 믿을 터이다.

사찰 음식은 절밥이다. 스님들이 일상적으로 먹거나 신도들과 나누던
음식이다. 소박하다. 양념을 절제하고 양도 줄인다. 맛과 색깔을 절제한
다. 무덤덤하고 무채색이다. 아름다운 음식, 먹음직스러운 음식이 아니
다. 맛, 향, 색깔을 더하지 않은 무위無爲의 음식이다. '바탕'으로 돌아가는

어느 사찰 음식 전문점의
나물 샐러드. 이 접시의 음
식만 내놓으면 이게 사찰
음식인지 채식식단인지,
아니면 양식의 샐러드인지
알 수가 없다.

음식이다. 화려하고 잘 만든 음식은 이미 차고 넘친다. 사찰 음식을 또 더 할 필요는 없다. 사찰 음식은 사찰 음식만의 정신이 있다. 겉이 아니라 속이다. 달을 가리키면 달을 볼 일이다. 손가락 끝을 볼 일이 아니다.

사찰 음식은 더하는 음식이 아니라 빼는 음식이다. 건축가 고 김수근 (1931~1986년)은 건축의 '네거티비즘Negativism'을 주장했다. 부정주의否定 主義다. 스스로의 한계를 정하고 인위의 노력을 더 하지 않는다. '하는' 것이 아니라 '하지 않는' 것이다. 할 줄 몰라서 하지 않는 것이 아니다. 할 줄 알지만 스스로 멈추는 것이다. 사찰 음식은 네거티비즘의 음식이다. 화려하고 맛있게 만들 줄 몰라서가 아니다. 스스로 멈추는 음식이다.

멈추는 수준은 어느 정도일까? 고려시대 문인 김부식은 한반도의 문화를 두고 "검소하되 누추하지 않고 화려하되 사치스럽지 않다(검이불루 화이불치儉而不陋 華而不侈)"라고 했다. 사찰 음식이 멈추는 지점도 바로 여기다. "누추하지 않을 정도로 검소하게, 사치스럽지 않을 정도로 아름답게"이다.

사찰 음식에는 남는 음식이 없다. 사찰 음식은 '일하지 않고 얻은 음식, 신도들이 시주한 곡식으로 만든 음식, 최소한의 양을 먹고 이승에서 성불하겠다는 다짐의 음식'이다. 늘이는 음식이 아니라 줄이는 음식이어야 한다.

그날 유명 사찰 음식 전문점에서 받아든 사찰 음식은 화려하고 천박한 채식 밥상이었다.

예쁜 그릇에, 화려하게, 알록달록하게?

•

지금 우리가 만나는 사찰 음식은 알록달록하고 화려하다. 식재료도 귀한 것 투성이다.

"일반 대중들에게 어필하기 위해 어쩔 수 없는 선택 아니냐"라는 이야기도 들었다. 걱정하지 않아도 된다. 그 정도 가격의 대중적이고 고급스러운 레스토랑은 흔하디흔하다. '사찰'이란 이름을 달고 나오지 않아도 그런 음식점은 많다. 숱한 고급 음식점들 사이에 사찰이란 말을 달아 또 다른 고급 음식점을 더할 이유는 없다.

걱정거리는 따로 있다. 사찰 음식의 정체성이다. 불행히도 지금 사찰 음식의 정체성은 없다. "우리의 사찰 음식과 일본 세이진료리(精進料理, 정진요리)와 무엇이 다른가?" 하고 묻는다. 일본 세이진료리 역시 고기를 사용하지 않고, 자극적인 맛을 내는 채소도 사용하지 않는다. 우리의 사찰 음식과 다를 바 없다.

일본 세이진료리는 완성미를 찾는 음식이다. 정갈하게, 정치(精緻)한 모양새를 드러낸다. 먹기 아까울 정도의 형식미를 가지고 있다. 적절한 식재료를 구하기 위해 끊임없이 노력한다. 깨로 만든 두부를 사용하고 색상도 아름답다. 아름답고 맛있고 화려하다. '인위적인 자연스러움의 극치'다. 일본식 미식가들이 찾는 음식이다.

한식은 밥상의 아름다움에 대해서 무덤덤하다. 완성미에 대한 무관심이다. 있는 그대로 받아들이고 펼친다. 자연스러운 자연이다. 정해진 레시피도, 내용물도 없다. '반드시'라는 규정이 없다. 특별한 식재료가 아니다. 주변에서 구하기 쉬운 식재료다. 요란 떨지 않는다. 이게 바로 한식이고 한식의 한 줄기인 사찰 음식이다. 사찰 음식의 정체성은 한식에서 찾아야 한다. 세이진료리를 보고 콤플렉스를 느껴 뒤쫓을 일이 아니다.

그릇도 마찬가지다.

사찰 음식은 발우공양拔羽供養이 원칙이다. 독상은커녕 밥상이 없다. 발우대를 펼치면 식탁이고 그 위에 그릇 4개를 놓는다. 밥그릇, 국그릇, 반찬 그릇, 청수 그릇이다. 단출하다. 식사를 위한 최소한의 것들이다. 가반加飯, 감반減飯은 가능하지만 남기는 것은 허용되지 않는다. 그릇을 깨끗이 씻고 찌꺼기가 없어야 남은 물을 버릴 수 있다. 땅 밑에 사는 아귀에게 보내는 자비다. 사찰 음식은 절제, 멈춤, 배려다.

지금의 한국 사찰들은 그릇을 구하지 못할 정도로 가난하지는 않다. 그럼에도 굳이 발우대를 고집하는 이유는 무엇일까? 절제다. 나아갈 수 있을 때 오히려 멈추고, 할 수 있는 것을 자제하는 것이 바로 절제다. 저 자거리의 사찰 음식 전문점에서 발우대를 놓고 밥을 먹자는 주장이 아니다. 형식이 아니라 정신을 잊지 말자는 것이다.

사찰 음식을 외국인도 많이 찾으니 예쁜 그릇에 진귀한 식재료로 만든 음식을 내놓는 것이 좋다? 엉터리다. '내용은 한식이더라도 형식은 양식으로'라고 주장하는 것은 더 엉터리다. 한국의 사찰 음식이 겉 다르고 속 다르다고 공격하면 어떻게 변명할 것인가? 살릴 것은 정신이다. 정신만 살린다면 내용과 형식 모두 중요치 않다. 귀한 재료로 만든, 맛있고 아름다운 음식을 찾는 한 사찰 음식은 없다.

알록달록한 색깔을 외국인들이 좋아한다면, 스님들의 회색 가사, 장삼도 알록달록 색동옷으로 지어 입을 일이다. 그 옷을 입고 "외국인들도 아름답다고 칭찬한다"고 내세울 일이다. 돌아가신 성철 종정은 누더기 승복을 입었다. 설마 신도들이 절에서 번듯한 승복 한 벌 마련하지 못했을까? 겉이 아니고 속이다. 손가락이 아니라 달이다.

1980년대 후반, 해인사 백련암에서 성철 종정의 음식을 본 적이 있다. 생 솔잎, 생콩, 생쌀, 썬 당근 몇 조각이었다. 외람되게도, "저걸 먹고 살수 있을까?"라고 생각했다. 그러나 성철 종정의 밥상은 '귀한 식재료가 아니라 모든 식재료를 귀하게'라는 원칙과 맞는다. 정교한 칼질도 진귀한 식재료, 음식의 정교한 배치도 없었다. 아름다움에 대한 무덤덤함, 무관심이었다. 절제와 멈춤의 밥상이었다.

사찰 음식은 한국 불교 2천 년의 깊이를 더한 것이어야 한다. 진귀한 재료, 알록달록한 음식배치, 정교한 칼질은 잘 만든 채식식단으로도 충분하다. 아름다운 음식, 건강식, 정교한 음식이 나쁘다는 것이 아니다.

어느 사찰 음식 전문점의
정갈한 밥상.

그건 서양의 채식식단이나 일본 세이진료리로 충분하다. 한국 불교의 사찰 음식은 이런 음식을 넘어서야 한다. 한국 불교의 역사는 2천 년에 가깝다.

한식 망가뜨리기

·

불행은 따로 있다. 일본 세이진료리를 벤치마킹한 이들이 일본 세이진료리를 뒤따른다. '정갈하고 먹기 아까울 정도로 아름다운 일본식 세이진료리'다. 결국 이름은 한국 사찰 음식, 내용과 형식은 일본 세이진료리가 되고 만다.

사찰 음식의 뿌리는 장醬이라는 표현도 틀렸다. 우리 장이 틀렸다는 것이 아니다. 한식의 바탕이 장이다. 사찰 음식도 한식이니 역시 장이 으뜸이라는 표현은 맞지만, 외국 조리사들 데려다 장독대를 구경시키고 이게 사찰 음식의 뿌리라고 하는 것은 코미디다. 외국에서 급조하여 데려온 유명 조리사들은 "한국에서는 일상적으로 장을 먹지 않지만 사찰에서는 여전히 장을 먹는구나"라고 생각할 것이다. 돈 들이고 바보짓 열심히 하고 있다.

더 큰 문제도 있다. 일본 음식, 가이세키료리나 세이진료리를 본 사람들은 마음 속 깊이 일본 된장, 간장을 흠모한다. 공장에서 만든 된장, 간장, 조미료 범벅의 얕고 화려한 일본 된장, 간장을 본 사람들이 한국 된장, 간장을 일본식으로 바꾼다. 일본 간장, 된장은 화려하고 달다고 찬양한다. 짜지 않다고 좋아한다. 달다. 너무 달아서 입에 넣지도 못할 음식을 만든다. 저염低鹽이라고 좋아한다.

이들은 점점 한국 된장, 간장을 멀리한다. 그러다 드디어는 한국 된장, 간장을 일본식으로 바꾼다. 된장, 간장은 짠 것이 원칙이다. 맛이 단 것은 설탕이지 장이 아니다. 장이 짜면 적게 넣으면 될 일이다. 단맛을 좋아하면 설탕이나 감미제를 넣으면 될 일이다. 왜 장이 달고 싱거워야 하는가?

한국 된장, 간장 수난시대다. 미국 뉴욕에서, 프랑스 파리에서 어설프게 한식을 만진 세프들이 등장한다. "한국의 고추장 맛이 독특해요"라고 인터뷰한다. 정작 그 고추장은 설탕 범벅의 공장제 고추장이다. 코미디다. 외국인 혹은 교포들이 언제 한국 된장, 고추장을 공부했을까? 우리는 이들을 데려다 "외국인들도 한국 된장, 고추장에 반했다"고 광고한다. 참 '얼척'없다. 부끄럽고 부끄럽다. 신문, 방송, 인터넷이 앞장서서 "외국인 유명 세프가 우리나라 장을 좋다고 이야기했다"고 떠든다. 창피스러운 줄 모른다. 동남아, 아프리카 등 경제적 후진국의 세프는 없다. 대부분 미국, 유럽 등 경제적 선진국 출신 세프들이다. 우리 사회의 집단적 콤플렉스다. 일본이 유럽, 미국만 쳐다본다고 욕할 것 없다. 우리도 마찬가지다. 유럽, 미국의 음식이 좋다? 그렇진 않다. 경제적 선진국은 식품 산업이 발달한 나라다. 음식, 음식 문화가 좋은 나라는 아니다. 미국이 음식 문화가 발달한 나라일까? 일상생활 속에서 뉴욕의 고급 레스토랑 음식을 접하는 미국인이 얼마나 될까? 짝퉁, 냉동 햄버거, 콜라, 피자로 생활하는 미국인들이 더 많다. 아니, 대부분이다.

'한식 망가뜨리기'에는 짝퉁 효소도 한몫했다. 이들도 사찰 음식을 망가뜨렸다. 된장, 간장 맛을 모르고, 만들 줄 모르고, 사용할 줄 모르는 음식전문가들이 엉뚱한 효소전문가가 되어 나타났다. 단맛을 내려고 혈안이 되었다. 일본에서 시작된 효소를 들고 나타났다.

한반도의 된장, 간장이 최고의 발효 식품임을 모른다. 이제는 음식전문가들이 발효전문가가 아닌 효소 전문가가 되고 그들이 한반도식 된장, 간장을 혐오하는 시대가 되었다.

말린 나물, 숙성된 나물

생채를 사용하면서 '신선한 채소'라고 떠든다. 발효, 숙성을 모르니 하는 소리다. 숙채熟菜, 침채沈菜와 생채生菜의 쓰임새도 모르고 말린 나물의 깊이를 모른다. 죄다 싱싱하게 살아 있는 채소를 들고 나선다. 한식 밥상의 산나물, 들나물을 모르니 양상추 몇 잎 찢어서 얹고, 그 위에 짝퉁 식초, 설탕 범벅 효소를 뿌리고 '몸에 좋은 샐러드'라고 떠벌인다. 부끄러운 줄 알아야 한다. 서양식 샐러드를 만들기 전에 우리의 나물 문화를 먼저 알아야 할 일이다.

사찰 음식의 중심은 햇볕과 그늘에 말리고, 말리는 과정에서 발효, 숙성시킨 나물들이다. 어차피 온 나라가 다 먹을거리가 귀했다. 특히 깊은 산중의 사찰은 더 가난했다. 푸성귀라도 구할 수 있는 봄, 여름, 가을은 몰라도 겨울이면 굶는 수밖에 없다. '제철에 나오는 싱싱한 채소'는 최고

의 코미디다. 채소는커녕 생명체가 숨을 죽이는 겨울에는 어떻게 할 것
인가? 겨울에는 채소가 없다. 굶을 것인가? 1년 내내 싱싱한 푸른 채소를
구할 수 있는 나라는 동남아 일대다. 우리는 1년에 최소 4개월 정도는 채
소를 구경하기 힘들었다. 울릉도에서는 2월 초순에 전호나물이 나온다.
전호나물을 귀하게 여기는 것은 눈 속에서 자라서 여느 나물보다 빨리
나오기 때문이다.

　겨울을 대비하는 방법은 말린 나물이라도 충분하게 저장하는 일이었
다. 산중에서 구할 수 있는 산나물 종류는 많았을 것이다. 나물이나 버섯
은 일정 기간이 지나면 먹기 힘들다. 제철의 나물들을 구해서 먹고 남은
것들은 겨울철, 다음해 햇나물이 나오기 전까지를 대비해서 말렸을 것이
다. 말린 나물은 싱싱한 나물과는 또 다른 깊이가 있다. 묵은 나물에서
햇나물보다 더 깊은 향을 느낄 수 있는 이유다. 침채도 마찬가지다. 삭힌
다. 삭힌 채소는 오래 간다. 김치도 침채지만 각종 장아찌도 침채다.

　일본의 절임 음식, 발효 채소 등은 츠케모노漬物 혹은 오신코御新香라고

산나물과 들나물. 평범하지만 한
식을 잘 보여주는 밥상이다.

눈밭을 뚫고 나오는 이른 봄, 울릉도의 전호나물이다. 이제는 전호나물도 귀하다.

부른다. '오신코'는 새로운 향, 맛이라는 뜻이다. 삭힌 음식에서는 신선한 채소와는 다른 새로운 향과 맛이 난다. 삭힘의 맛이다. 우리의 각종 장아찌, 김장에서도 마찬가지다. 우리는 더 다양하고 더 맛있는 음식들을 물려받았다. 이 부분을 잊고 산다. 일본에 벤치마킹 가서 엉뚱한 것 보지 말고 오신코나 '나라즈케'라도 정확히 보고 올 일이다. 나라즈케의 이름 '나라'가 어딘지 보고 올 일이다.

된장, 간장, 고추장도 널리 사용하지만 더러는 무나 채소를 된장에도 넣고 간장에도 담갔을 것이다. 침채, 김치(漬, 지)의 개념이다.

오래 전에 사찰에서 먹었던 각종 부각 종류가 퍽 좋았다. 단순히 말리는 것이 아니라 찹쌀풀이나 쌀풀을 발라서 몇 차례나 손질을 해야 한다. 볼 품새 없는 음식이지만 깊은 맛이 있다. 지금은 사라진 두부장豆腐醬도 퍽 좋은 사찰 음식이다. 콩으로 고기를 만들고 햄버거 패티를 만들 일이 아니다. 사라져가는 두부장을 재현하여 현대적으로 해석하는 일이 필요하다. 말린 나물의 깊이를 모르는 청맹과니들이 싱싱한 제철 채소 타령을 한다.

어린 시절, 어머니 손잡고 절에 간 적이 있었다.

"아무 것도 넣지 않고 김장을 했는데, 김치 맛이 어째 이래 시원하고 좋을꼬?"

일곱 살 꼬마의 입맛에도 절의 김장김치는 사각사각하고 시원하며 맛있었다. 그때는 어머니의 감탄이 어떤 내용인지 몰랐다. 한참의 세월이 지났다. 그때 어머니의 나이를 넘어서서 겨우 깨닫는다. 절의 김장김치? 아무 것도 더하지 않았다.

사찰과 승려는 가난했다

•

사찰 음식은 언제 생겼을까? 우리의 기억 속에는 고려-조선-일제 강점기-현대의 불교, 사찰이 남아 있다. 고려시대 사찰의 모습은 희미하다. 자료가 귀하다. 사찰 경제, 정치에 개입한 종교라는 인식만 남아 있다. 불교, 사찰 음식에 대한 많은 콘텐츠가 조선시대에 집중되어 있다.

조선은 숭유억불崇儒抑佛의 나라다. 승려는 최하위 계층이다. 멸시했다. 멸시의 이유가 있다. 허황한 '불씨佛氏(부처)'를 믿는다. 고려를 망하게 했다. 게다가 승려들은 납세와 병역의 의무를 지지 않았다.

승려와 백정은 출입증이 없으면 한양 도성都城에도 들어오지 못했다. 백정은, 농사에 긴요한 소를 밀도살하는 존재로 여겼다. 승려는 도성 여자들을 혹세무민하는 존재로 인식했다. 일하지 않는 자, 세금 내지 않고 타인의 노동력에 기대어 먹고 사는 존재로 여겼다.

사대부들은 깊은 산속의 사찰을 그들의 놀이터쯤으로 여겼다. 승려들을 하인 부리 듯했다. 자신들이 탄 가마를 메게 하고 음식 만드는 일에 동원했다. 대부분의 사찰, 승려들은 먹고 살기도 버거웠다. 음식 문화, 사찰 음식이 있었을 리 없다.

소헌왕후昭憲王后(1395~1446년)가 세상을 떠난 후 세종대왕은 궁궐 내에 내불당內佛堂을 짓겠다고 했다. 조정 관료들의 반대는 한글 창제에 대한 반대를 넘어선다. 세종이 자신의 자리까지 내걸고서야 겨우 내불당 건축이 가능했다. 조선 후기로 갈수록 불교와 승려들은 탄압 수준의 시달림을 당한다. 사찰에서 은행나무에 대한 세금을 내지 못해서 결국 은행나무를 베어내는 일도 있었다. 사찰이나 승려들은 가난했다. 입에 풀칠하기 바빴다. 무엇이 사찰 음식인가? 조선시대 내내 사찰 음식이 나타날 여유가 없었다.

사찰 음식은 우리 시대가 새롭게 해석한 음식이다. 사찰 음식의 바탕은 절제와 멈춤, 배려, 소박함이다. 먹을거리가 귀하고 가난한 사찰에서 최소한의 생명 유지를 위해서 마련한 소박한 음식이다. 사찰 음식은 소박함, 절제, 멈춤, 배려, 나눔과 자연에 대한 귀한 헌신을 보여주어야 한다. 날이 좋을 때 나물을 채취하고 그 나물을 말리고 발효, 숙성시켜 겨우 내내 먹었던 귀한 수행의 모습을 다시 재현해야 한다. 잎사귀 하나, 뿌리 하나까지 귀하게 여기고 소중하게 사용했던 그 정신을 보여주어야 한다. 아름다움을 찾을 때가 아니다. 한국의 사찰 음식은 일본 세이진료리와 다르다. 서양식 채식식단에서 오신채를 뺀다고 곧 사찰 음식은 아니다.

생명을 귀히 여긴다. 이 세상에 부처를 이루기 위하여 최소한의 곡기를 이어간다는 죄스러움과 겸허함. 축생, 아귀까지도 배려하는 불법의 깊은 뜻을 보여 주어야 한다. 외국 유명 스타가 와서 먹고 좋아했다고 자랑할 일이 아니다. 할리우드 스타가 사찰 음식을 먹어보고 '참 아름답고, 아주 건강한 다이어트 음식'이라 평했다고 희희낙락할 일은 아니다. 사찰 음식은 그보다 깊다. 화려하고 건강에 좋은 채식식단은 많다. 그러나 철학적 기반을 지닌 사찰 음식은 한국에만 있다. 사찰 음식의 바탕은 '최소한'이다. 모자람을 구한다는 뜻이다. 천박한 알록달록함으로 화려함을 내세우는 것은 잘 만든 채식 식단으로도 가능하다. 불행히도 오늘날의 사찰 음식은 잘 만든 서양식 채식 식단과 크게 다르지 않다. 유일한 차이점은 '오신채五辛菜'를 사용하지 않는다는 것이다.

생나물과 묵나물의 향연이다. 사찰 음식의 뿌리도 한반도에 흔한 나물 문화에서 찾아야 한다.

오신채, 오리무중이다

·

오신채도 오리무중이다. 근거가 없다. 불가에서는 오신채를 사용하지 않는다고 하는데 이 역시 근거는 없다. 언제부터? 누가? 대답 없이 그저 '불가에서는'이다. 그저 불법이라는 주장뿐이다. 내용도 정확하지 않다. 파, 마늘, 달래, 부추, 홍거라는 게 중론이다. '홍거'는 알쏭달쏭하다. 서역의 향신료라고만 알려져 있고, 정확한 모습은 알려지지 않았다. 홍거가 뭐냐고 수차례 찾아보고 물어봤지만 확실한 대답을 얻지 못했다. 어쨌든 홍거를 오신채의 하나로 든다. 정확한 대상도 없이 그저 사용하지 말라고 한다. 그나저나 오신채만 빼면 사찰 음식과 서양식 채식 식단은 같다.

오신채를 내세우면서 '오신채의 정신'은 놓치고 있는 것이 지금의 사찰 음식이다.

오신채는 오래 전 중국에서 시작되었다. 우리 기록에서는 정확한 오신채의 내용을 찾기 힘들다. 불교의 오신채와 도교의 오신채 모두 중국에서 시작되었다. 유교 국가 조선에서 불교적, 도교적 의미를 제대로 정리, 발전시키기는 힘들었을 것이다.

정조대왕의 《홍재전서 제118권》 '경사강의 55_강목 9'에 오신채가 나온다.

"의종懿宗이 불교를 숭상하여 단을 설치해 계를 받았기 때문에 '계단'이라고 이른 것입니다. 살생하지 말 것, 도둑질하지 말 것,

음란한 짓 하지 말 것, 거짓말하지 말 것, 술과 오신채五辛菜를 먹지 말 것이 바로 그 '오계'입니다."

오계 중의 하나가 '오신채 먹지마라'다. 의종(833~873년)은 당나라의 17대 황제다. 정조대왕(1752~1800년)은 무려 900년 후의 사람이다. 오래 전 중국에 오신채가 있었다. 우리 것이라고 내세우기도 민망하다.

한국 불교 사찰 음식의 주요 특징인 오신채는 중국에서 시작되었다? 웃기지 않은가?

오신채에 대한 우리 측의 기록은 많지 않다. 어떤 이는 오신채에 생강 등 다른 채소류를 더하기도 하고 빼기도 한다. 역시 주장만 있고 정확한 논거는 없다.

오신채가 무엇인지를 아는 것보다는 오신채의 의미가 무엇인지를 아는 것이 더 중요하다. 오신채는 오훈채五葷菜라고도 한다. '신辛'은 맵다, '훈葷'은 향이 난다는 뜻이다. 모두 매운 맛과 향이 강한 채소를 이른다. 대표적인 매운 맛과 향내가 나는 채소 다섯 가지가 바로 오신채 혹은 오훈채다. 사전에 음욕과 분노를 유발하는 채소라고 되어있다.

고기, 나물 반찬을 가리지 않고 음식에 맛과 향을 더한다. 돼지국밥에 부추를 넣거나 고기를 요리할 때 마늘을 쓰는 이유다. 모든 음식에 맛을 더한다. 맛있게, 많이 먹게 만든다.

그럼 이렇게 좋은 오신채를 사찰에서는 왜 금했을까? 간단하다. 맛있으면 과식한다. 맛있으면 탐식, 미식으로 빠져든다. 불가에는 "신도들이 공양하는 식량으로 정진하여 이 세상에서 부처를 이루자"는 가르침이 있다. 공양 받은 음식이니 아끼고, 최소한만 사용해야 한다. 먹는 것을 즐기는 일 즉, '구복口腹'을 찾아 헤매는 것은 불법과 사찰, 승려의 수행 정진에 맞지 않는다.

다섯 가지 채소, 오신채는 원래 긍정적인 의미에서 시작되었다.

조선 초기 문신 서거정의 《사가시집 제50권》에 봄나물에 대한 내용이 있다.

> 반갑게 보노라, 쟁반 위 가는 생채(喜見盤中細生菜)
> 소릉의 풍미를 내가 먼저 알았네(少陵風味我先知)

소릉少陵은 중국의 시인 두보杜甫다. 봄을 맞는 입춘立春일에 다섯 가지 향기로운 채소(훈채葷菜)를 소반에 담아 이웃과 나누었다. 오래 전 중국의 풍속이다. 두보가 이 모습을 시로 읊었고 서거정이 이를 두고 소릉의 풍미라고 한 것이다. 실제 조선의 사대부들도 시에서 이 오신채, 오훈채를 여러 차례 언급한다.

오신채와 오신반五辛盤은 이른 봄의 움파, 산갓, 승검초 등 다섯 가지 나물을 모은 것이다. 움파는 겨울을 지낸 대파, 파 종류를 말한다. 줄기가 노란 색이고 맛이 달다. 산갓은 는쟁이냉이다. 이파리가 숟가락을 닮았다고 숟가락 냉이라고도 부른다. 산갓김치도 매운 맛이 일품인데 이젠 보기 힘들다. 승검초는 당귀 잎이나 줄기를 말한다. 여기에 미나리 새순, 무싹을 더하기도 한다. 서거정의 '소릉 풍미'나 오신채, 오훈채 등은 모두 식재료이면서 음식에 맛을 더하는 천연 조미료들이다. 입맛 없는 봄철에 입맛을 돋우기 위해서 먹었던 것들이다. 불가의 오신채와 민간의 오신채, 오신반은 다르면서도 묘하게 닮았다. 불가에서 오신채를 금지한 것은 굳이 맛을 내려고 군더더기를 더하지 말라는 것이다. 맛있게 많이 먹는 것은 불법을 깨트리는 행위다. 목숨을 유지할 정도로 최소한의 것을 먹으라는 것이다.

주변에서 쉽게 구하는 식재료를 귀하게 사용한다. 맛도 피하고 지나치게 몸에 좋은 것도 피한다. 이럴 진대 모양과 색깔, 그릇을 따지는 것은 우습다.

효소도 마찬가지다. 효소가 나쁜 것이 아니라 '효소를 사용해서 음식을 달게 만들겠다'는 욕심이 문제다. 내 음식을 다른 사람의 음식보다 더 맛있게, 달게 만들겠다는 그 마음이 문제다. "난 조미료 사용하지 않고, 건강을 위하여 소금도 줄였다"고 하면서 효소 칠갑을 해놓은 음식을 자주 본다.

시중에 나도는 효소의 질도 문제다. 제대로 삭힌 것이 아니라 겉만 번지르르하다. 한두 달, 겨우 6개월을 넘기지 않은 것들이 태반이다. '빨리, 많이'에 익숙하니 기다릴 줄 모른다. 설탕이 채 녹지도 않은 설탕물을 들고 나와서 효소라고 우긴다. 언제부터인지 푸른 매실이 좋다고 익지도 않은 청매실로 효소를 만든다. 매실 효소는 지천인데 정작 제대로 된 효소는 드물다. 달을 가리키는데 손가락 끝을 쳐다보고 있다.

사찰 음식의 정신에서 중요한 것

•

무엇이 오신채냐고 굳이 따질 이유는 없다. 필요하다면 현대적인 '50신채'라도 필요하다. 양파와 고춧가루는 거론하지 않았으니 먹어도 되는 것 아니냐는 질문은 우문이다. 정말로 달을 가리키는데 손가락 끝을 보는 일이다. 당시에는 고추도 양파도 없었으니 지적하지 않았을 것이다. 파를 먹지 말라고 하는 판에 쪽파와 움파는 어떻게 하느냐고 묻는 것은 사찰 음식의 정신에 대한 무례다. 오신채 금지 규정은 "입에 맞는 것, 이른바 몸에 좋은 것을 먹지마라. 수행에 방해된다"고 말하는 것이다. 최대한 절제하고 소박하게 먹으라는 것이다.

사찰 음식 전문점들의 콩 고기와 콩 버거는 웃지 못할 코미디다. 그렇게 참지 못하고 먹어야 한다면 사찰 음식이 아니라 대중식당에 가서 진짜 고기를 먹으면 될 일이다. 내 마음 속의 욕심을 끊지 못하고, 입맛을 속이고, 내 몸을 속이는 일이라면 굳이 하지 않는 것이 좋다.

답답한 마음으로 사족을 하나 붙인다. 이런저런 이유로 승려 지원자 숫자가 줄어들고 있다고 한다. 당장 사찰의 밥상이 문제다. 사찰에서 음식 일을 할 보살님들도 귀하다. 그야말로 사찰에서 굶는 일이 생기지 않으리란 보장이 없다. 저잣거리의 사찰 음식 전문점이 아니라 진짜 사찰의 사찰 음식이 문제다. 답답하다.

우리는 가난해서 산나물을 먹었다?

가난해서, 먹을 것이 없어서 산나물이라도 뜯어먹고 살았다. 그래서 우리 밥상에는 나물 반찬이 많다. 웃전에서 빼앗아 가는 것이 많으니 아랫것들은 먹을 것이 없었다. 한반도의 나물 문화는 수탈과 궁핍의 역사다.

억장이 무너질 이야기다.

신문, 방송, 잡지, 온라인 할 것 없이 죄다 이렇게 이야기한다. '먹을 것이 없어서 나물을 먹었다. 수탈이 심하니 초근목피草根木皮, 풀뿌리, 나무 껍질이라도 먹고 살았다.'

이야기는 더 발전한다. '왕이나 고관대작들은 수탈한 고기를 먹고, 가난한 사람들은 사람이 먹지 않는 산나물밖에 먹지 못했다.' 이게 다수설이다. 여러 사람이 이야기하니 어느덧 정설이 되었다.

곰곰이 되짚어보자. 다른 나라는 넉넉했는데 한반도만 가난했을까? 다른 왕조의 관리들은 청렴결백했는데 조선의 관리, 궁중만 수탈을 했을까? 다른 나라들은 멀쩡했는데 한반도, 조선만 유독 수탈과 굶주림이 심했을까?

그렇지 않다.

소빙하기 시절, 지구 전체가 기아로 굶었다

•

14세기 유럽에서는 흑사병黑死病, Black Death으로 2천만 명 이상이 죽었다. 인구의 1/3이 죽었다. 19세기 중국에서도 마찬가지. 비슷한 질병으로 수백만 명이 죽었다. 쥐 등이 옮기는 세균이 주요 원인이지만 가장 큰 원인은 굶주림이었다. 굶주리고, 영양 부족인 이들이 쉽게 죽은 것이다. 조선만 굶주린 것은 아니었다. 이들도 굶어서 죽을 지경이었지만 산나물을 먹지는 않았다. 산나물을 모르니 당연히 산나물 문화가 없었다.

중국 역사에도 장마, 홍수, 메뚜기 떼로 인한 흉작, 기아飢餓, 도둑 떼가 자주 나타난다. 도적들 때문에 왕조가 무너진다. 흉작으로 먹고 살 길이 막연해지면 도둑이 된다. 목구멍이 포도청이다. 가만히 앉아 굶어 죽는 것보다는 도둑질이 낫다. 집단화된 도둑이 약탈에 나서면 멀쩡하던 양민들도 또 도둑이 된다. 악순환이다. 목구멍이 도둑질이다. 도둑이 거대한 집단이 되면 결국 왕조가 바뀐다. 소설《삼국지》의 시작은 황건적이다. 흉작, 수탈, 기아가 없었으면 홍건적, 황건적이 생겼을 리 없다. 중국 대륙에도 수탈, 자연재해, 굶주림이 끊이질 않았다. 중세, 근대, 지구상에 굶주림이 없는 나라는 없었다.

일본도 마찬가지. 심한 굶주림이 있었다. 텐메이 대기근(天明の大飢饉, 1782~1788년)을 겪으며 인육을 먹었다. 당시의 인육 식육 그림이 남아 있다. 한반도도 마찬가지. 대기근의 시대에는 "함경도에서 인육을 먹었다는 소문을 들었다"는 보고가 있었다. 얼마나 참혹했으면 경신대기근庚辛大飢饉의 시대(1670~1671년)가 임진왜란이나 병자호란 때보다 견디기 힘들었다고 했을까? 경신대기근 때는, "농민들이 국가에서 엄히 금하는 소의 불법도축을 하더라도 정부가 처벌하지도 못했다"는 기록이 남아 있다. 굶주림을 이기는 장사 없다.

'한반도는 굶주렸기 때문에 산나물을 먹었다'는 표현은 엉터리다. 굶주림과 산나물은 직접적인 관계가 없다. 굶주림과 관계없이 산나물을 먹었던 나라가 있고, 먹지 않았던 나라가 있다. 산나물은 굶주림의 지표가 아니다. 함부로 '굶주려서 산나물을 뜯어 먹었다'고 할 것이 아니다.

우리는 고사리를 먹는 민족이다

•

〈채미가采薇歌〉는 중국 은나라 백이伯夷와 숙제叔齊의 충절을 기린 노래다.

수양산首陽山 바라보며 이제夷齊를 한恨하노라.
주려 주글진들 채미採薇도 하난 것가
비록애 푸새엣거신들 긔 뉘 따헤 낫다니.
— 성삼문

'미'는 고사리다. 이 노래의 제목은 '고사리를 캐다'이다.

백이, 숙제는 상(商=殷, 은)나라 변방 영지인 고죽군의 후계자 형제였다. 훗날 서주西周 무왕이 된 희창이 상나라에 반역하자 백이, 숙제는 반대한다. 결국 무왕이 반역에 성공, 주나라를 세우자 백이와 숙제는 수양산으로 들어가서 고사리를 캐먹으며 산다.

사육신 성삼문은 '채미가'로 "백이, 숙제는 주나라 건국에 반대했지만 결국 주나라 수양산에서 고사리를 캐먹고 살지 않았느냐?"고 한탄한다. 스스로는 수양대군 세조가 준 녹봉은 한 톨도 먹지 않았다고 말한다. 고사리를 식재료 중의 하나로 여긴 것이다.

성삼문의 오해가 있다. 우리는 고사리를 상식했지만 중국인들에게 고사리는 잡초다. 성삼문은 "산나물이라 할지라도 결국 주나라 무왕의 땅에서 난 먹을거리 아니었느냐?"고 꾸짖었지만, 백이, 숙제에게는 '먹지 않는 잡초'에 불과했을 것이다.

넓은 중국 천지에는 고사리를 먹는 이들도 있을 것이다. 실제 중국 일부 지방에서는 식용하고, 약용으로도 사용한다. 하지만 중국인들의 일상적인 먹거리는 아니다. 우리는 일상적으로 고사리를 먹고, 제사상에도 올린다. 고사리 없는 제사상은 드물다. 오늘날 우리는 매년 상당히 많은 고사리를 중국으로부터 수입하지만, 중국을 포함한 어느 나라에서도 우리처럼 고사리를 귀하게 여기고 일상적으로 먹는 경우는 없다.

산림청과 통계청 등의 자료에 의하면 2016년, 우리나라는 7,580톤의 고사리를 생산했고 2,356톤의 고사리를 수입했다. 재미있는 것은 고사리 수출 물량이다. 13톤이다. 국내 소비가 많아서 수입하는 판에 웬 수출?, 하고 의문을 가질 수 있다. 추정컨대, 외국에 사는 교민들을 위한 물량이리라. 저 먼 캐나다, 미국, 유럽, 동남아 등에서도 우리나라 사람들은 고사리를 '현지 채취'해서 먹는다. 그마저도 불가능하면 '고국'에서 수입해야 한다. 우리나라 사람들의 고사리 연간 소비량은 1인당 200g. 적지 않다.

고사리는 수백 년의 세월이 흐른 후 엉뚱한 땅에서 엉뚱하게 나타난다. 러시아의 사할린이다. SBS 〈추석 다큐-사할린 고사리 빠빠르닉〉(2007년)에 김치, 쌈, 다시마 등과 함께 고사리가 나타난다. 굶주림의 땅에서 고려인들만 든든하게 먹고 다니자 러시아인들은 고려인의 식사를 주목한다. 자신들이 먹지 않던 문어, 다시마, 고사리 등을 먹는 고려인들. 결국 수십 년의 세월이 흐르면서 사할린에 사는 러시아인들도 고려인의 식사를 따른다. 러시아인들이나 중국인에게 고사리는 원래 식재료가 아니었다. 사할린도 기아의 시대를 지났다. 이제 러시아인들도 고사리를 채취, 시장에 내다판다. 소비자의 상당수는 러시아인들이다. 궁핍의 시대는 아

고구마 줄기. 나물로 쓰는 고구마 순은 고구마 줄기다. 고구마 역시, 먹는 나라는 많지만 고구마 순을 먹는 나라는 드물다.

니지만 고사리, 다시마 등을 먹는다. 맛있기 때문이다. 특유의 향과 맛, 씹는 느낌이 있어서다.

우리 선조들이 굶었기 때문에 고사리를 먹었던 것은 아니었다. 산나물, 들나물, 해조류를 먹는 DNA가 있느냐, 없느냐의 문제다. 우리 민족은 오랫동안 산나물을 가까이 했다. 산나물 DNA가 풍성하게 준비된 민족이다.

가난한 다른 나라는 왜 산나물을 먹지 않았나

·

지금도 기아는 남아 있다. 20세기 이전에는 대부분의 나라가 가난하고 배고팠다. 시기 별로 정도의 차이는 있지만 비슷했다. 굳이 조선만 배고프고 가난한 나라로 여기고 "그래서 산나물이라도 먹었다"고 우길 근거는 없다. 조선에만 탐관오리가 많았다고 말할 근거도 없다.

위키백과에서 설명하는 '피안화'에 대한 내용이다.

> 석산石蒜(학명:Lycoris radiata)은 수선화과에 딸린 여러해살이 알뿌리식물이다. 꽃무릇이라고도 부른다. 산기슭이나 습한 땅에서 무리지어 자라며, 절 근처에서 흔히 심는다.
>
> (중략)일본에서는 피안화彼岸花라 하며, 텐메이 대기근 당시 워낙 먹을 것이 없자 유독식물인 석산을 데쳐다 먹었는데 그마저도 모두 바닥난 뒤로는 식인밖에 방법이 남지 않게 되었다 하여 죽

음의 상징으로서 불길이 여겼다.

굶주림의 시대가 되면 뭐든지 먹을 수 있으면 먹는다. 일본은 굶주림의 시기에 유독 식물인 피안화를 먹었다. 우리가 일상적으로 먹었던 산나물, 들나물이 아니다. 피안화(석산)는 독이 있다. 다행히 뜨거운 물에 데치면 그 독이 대부분 사라진다. 먹을 만하다. 일본인들은 굶주림의 시기에 독성이 있는 것까지 손질해서 먹었다. 정작 독성이 없는 산나물은 먹지 않았다. 몰랐기 때문이다. 조선만 굶주리고 일본은 넉넉했던 것은 아니다. 영, 정조 시대에는 1인당 환곡還穀 양이 중국(청)보다 더 많았다는 통계도 있다. 환곡은 국가가 관리하는 재난 대비 비축곡식이다.

일본에 텐메이 대기근이 있었다면 조선에는 경신대기근이 있었다. 비슷한 기근의 시대를 겪었다. 한반도에는 산나물 문화가 발달했고 인육까지도 먹었던 일본은 여전히 산나물 문화가 발달하지 않았다. 왜 그럴까? 일본도 여느 나라나 마찬가지로 산나물을 먹는 DNA가 없었다.

굶주림과 산나물은 상관관계가 없다. 산나물은, 먹을 것이 없어서 초근목피라도 먹다가 보니 먹게 된 식재료가 아니었다. 가난한 시절, 가난한 사람들이 아니더라도 풍성하게 산나물을 먹었다.

언론인 고 홍승면(1927~1983년) 씨는 일제 강점기 간도 지방의 나물 이야기를 글로 남겼다. 당시 간도에는 조선인을 비롯하여 중국, 일본, 러시아, 중앙아시아의 여러 민족들이 뒤섞여 살았다.

일제 강점기, 여러 민족이 살았던 만주, 간도 지방에서 한국인을 가려내는 것은 간단했다. 이른 봄 바구니를 끼고 산에 오르는 사람들은 모두 한국인이었다.

《대밭에서 초여름을 썹다》, 홍승면, 삼우반, 2003년

'사할린 고사리'와 같은 이야기다. 만주, 간도라는 한정된 지역이다. 살림살이 차이가 난다한들 오십보백보다. 다들 고만고만하다. 외국에서 간도까지 온 사람들이다. 모두 가난하다. '가난해서 초근목피'라면 다른 민족들도 마찬가지다. 그런데 이른 봄 산나물을 캐러 가는 사람들은 죄다 한국인이었다. 누가 가르쳐주지 않더라도 이른 봄이면 한국인 처녀들은 산으로 들로 산나물, 들나물을 캐러 다닌다. 특이하다. 한국인들에게는 산나물을 채취하고 먹는 독특한 DNA가 있다고 설명할 수밖에 없다.

산채는 한국에만 있다

•

수탈이 많았다? 정조대왕 사후부터 약 100년간, 조선이 무너지는 시기에 수탈이 많았던 것은 사실이다. 탐관오리도 많았고 세도정치로 인한 폐해도 많았다. 조선왕조 500년의 역사 중 말기 100년의 역사다.

'탐관오리의 수탈'도 마찬가지다. 다른 나라에도 있었던 일이다. 한반도, 조선에만 탐관오리가 있었던 것은 아니다. 중국에는 포청천이 있었고 일본에는 미토고몬[水戸黃門]이, 한국에는 암행어사 박문수가 있었다.

법은 있되, 지켜지지 않으니 이런 이야기가 드라마의 주요 소재가 되는 것이다. 관료들의 부정부패, 탐학, 수탈 등은 어느 나라에나 있었다. 오늘날에 경제적 선진국, 후진국 따지지 않고 어느 나라에나 부정부패가 있는 것과 마찬가지다. 수탈과 산나물 문화도 별 관계는 없다.

고운 봄빛, 우리 나물은 역사가 깊다

'산채山菜'는 한반도에서만 사용하는 한자 표기다. 우리는 산나물, 산채를 사용하지만 일본어나 중국어에는 '山菜'가 없다. 일본어에는 '野菜(yasai, 야채)'는 있으나 산채는 없다. 들나물은 먹었으나 산나물은 개념 자체가 없었다는 뜻이다.

한반도의 나물은 역사가 깊다. 고려 말기 유학자 가정 이곡(1298~1351년)과 목은 이색(1328~1396년)은 부자지간이다. 두 사람 모두 미나리에 대

산나물 반찬이 풍성한 우리 밥상.

한 시를 남겼다. 들나물이다. 가난한 이도 아니었고 수탈을 당할 사람도 아니었다. 고려시대에 이미 미나리에 대한 시를 남길 정도로 우리 민족은 나물에 대한 애정이 깊었다.

한반도에 살았던 이들의 '나물 사랑'은 고려, 조선을 거치며 꾸준히 이어진다.

1797년 봄, '좌부승지左副承旨 다산 정약용'은 땡땡이를 친다. 국왕의 허락을 받지 않고 한양 도성을 벗어나 고향 마현으로 천렵을 떠난 것이다.

> 정사년(1797년, 정조 21년) 여름에 내가 명례방明禮坊(지금의 명동)에 있는데, 석류石榴가 처음 꽃을 피우고 보슬비가 막 개어, 나는 초천苕川에서 물고기를 잡는 데 가장 알맞은 때라고 생각했다. 그러나 법제상, 대부大夫가 휴가를 청하여 윤허를 얻지 않고서는 도성문(都門)을 나서지 못하는 것이었다. 그러나 휴가는 얻을 수가 없었으므로, 그대로 출발하여 초천에 갔다.
> (중략) "옛날에 장한張翰은 강동江東을 생각하면서 농어鱸魚와 순채蓴菜를 말했습니다. 물고기는 나도 이미 맛을 보았거니와, 지금 산나물(山菜)이 한창 향기로울 때인데 어찌 천진암天眞菴에 가서 노닐지 않겠습니까?"
> 하였다. 이에 우리 형제 네 사람은 일가 사람 3~4명과 더불어 천진암에 갔다. (중략) 이때에 지은 시가 모두 20여 수나 되었고, 먹은 산나물도 냉이, 고사리, 두릅 등 모두 5, 6종이나 되었다.
> —《다산시문집 제14권》'천진암天眞菴에서 노닐은 기'

석류꽃이 필 무렵이니 대략 양력 5, 6월이었을 것이다. 이 계절이면 냉이, 고사리, 두릅도 나온다. 냉이는 늦은 철, 고사리는 제철, 두릅도 얼마간 늦은 계절이었을 것이다. 정3품 당상관, 고위직이다. '대통령 비서실 수석'쯤 되는 이가 몰래 휴가(?)를 가서 천렵을 하고 인근 천진암에서 산나물을 먹는다. 그리고 분명하게 냉이, 고사리, 두릅을 먹었다고 적었다. 이래도 나물이 굶주림을 채우려 억지로 먹었던 구황식품일까?

산나물은 반가, 상민뿐만 아니라 궁중에서도 귀하게 사용했다.

사신을 보내어 산채山菜를 종묘宗廟에 천신薦新하였다.
— 《조선왕조실록》 '태조 7년(1398년) 3월 15일 – 산채를 종묘에 천신하다'

조선은 유교 국가다. 궁중, 국왕이 제일 높다. 그중에서도 이미 세상을 떠난 왕실의 어른을 모시는 제사가 가장 귀했다. 종묘 제사는 귀한 행사였다. 천신은 계절별로 생산되는 것들을 가장 먼저 제사상에 올리는 행위다. 산나물을 종묘에 천신했다. 사신은 종묘 제사에 파견한 조정 관리다. 격식에 따라 제사상에 산나물을 올렸을 것이다.

궁중이다. 가난도 탐학도 관련이 없다. 현존 국왕보다 더 높은 왕실 조상에 대한 제사에 산나물을 올리고 기록을 남겼다. 그것도 《조선왕조실록》이다.

조선시대에는 산채를 소재로 한 시도 많았다. 그중 한 편.

고운 봄빛 광주리에 가득 차 있고/모락모락 아지랑이 아른거리네
지난밤 장단長湍에 비 내렸는지/멀리서도 녹음 덮인 그대 집을
알겠구나
—《송당집 제1권》 '장단 유 선생이 시와 산채를 보내와 운을 빌
려 감사하다'

시의 제목에 나타나는 장단 유선생長湍 兪先生이 누구인지는 알 수 없으
나 이 시를 남긴 이는 조선의 개국공신인 송당 조준(1346~1405년)이다. 여
말선초의 문신이었던 조준은 정도전과 더불어 조선의 경제 틀을 짠 고
위직 경제 관료였다. 벼슬도 좌정승左政丞 영의정부사領議政府事로 높았
다. 죽은 후 태조 이성계의 묘정에 배향되었다. 경기도 장단군은 한양도
성과 개성 사이에 있다. 지금으로 치자면 구 도성과 신 도성 사이에 있는
수도권이었다. '장단 유선생'으로부터 선물이 왔다. 시와 산나물이다. 받
는 이는 당대의 실세다. 계절은 아지랑이 아른거리는 봄철이다. 당대의
실세 관료가 시와 산나물 선물을 받고 시를 남겼다.

산나물을 고운 봄빛이라고 했다. 산나물을 보고 고운 봄, 아지랑이를
느낀다. 지난밤에는 장단에 비가 왔다. 숲이 자라니 숲속 녹음 덮인 집을
멀리서나마 기억한다. 조선의 사대부는 비싸지 않지만, 귀한 산나물을
중하게 여겼다. 하찮지만 귀한 산나물과 고운 시를 선물로 받으면 운韻
에 맞춰 시를 남겼다. 귀한 선물과 시에 대해 화답할 줄 알았다.

이런 시가 남아 있음에도 산채는 '죽지 못해서 먹은 구황식품'이라고
할 것인가? 산나물을 천하게 여기는 우리 시대가 오히려 천박하다.

조선시대 반가에서는 오신반五辛盤, 오신채五辛菜가 유행했다. 이른 봄 겨울을 헤치고 나온 햇나물을 옆집과 나눠 먹는 풍속이다. 이른 봄의 나물 선물이다.

오신채, 오신반에 대한 기록도 고려 말기부터 조선시대 내내 여러 곳에서 볼 수 있다. 오신채는 '매운 맛의 다섯 가지 나물'이다. 다섯 가지 나물은 움파, 산갓, 당귀싹, 미나리싹, 무싹 등이다. 이 채소를 겨자즙에 무친다. 향이 강하고 맵다고 오훈채五葷菜 혹은 오신반五辛盤이라 불렀다.

다섯 가지 나물 중 산갓, 당귀는 산나물이다. 일부는 이른 봄 인위적으로 싹을 틔워야 한다. 산, 들에서 캐거나 베어서 바로 먹는 것이 아니다. 집에 들인 다음, 손을 보고 새롭게 싹을 틔워야 한다. 같은 나물이라도 새싹은 맛과 향이 다르다. 선조들은 이 다른 맛과 향을 정확하게 알고 있었다. 굶주림으로 허겁지겁 먹었다면 일부러 싹을 틔워서 먹는 번거로운 일은 할 필요가 없다. "가난해서 산나물을 먹었다"는 말 대신, 향과 맛을 잃어버리고 양과 에너지만 따지는 지금의 천박한 세태를 비판할 일이다.

나물로 주먹밥을 만든 모습.

이른 봄에 나오는 부지깽
이나물이다.

씀바귀는 맛이 쓰다. 쓴 맛이 좋은 나물이 씀바귀다. 씀바귀는 특이하
게 뿌리의 맛과 식감이 낫다. 제대로 만지는 이들은 잎과 더불어 뿌리를
잘 손질하여 같이 무친다. 이른 봄, 뜨거운 물에 슬쩍 데친 후 된장에 조
물조물 무쳐서 먹는 씀바귀나물은 각별한 맛이 있다. 비슷한 나물로 고
들빼기나 냉이 등이 있지만 씀바귀는 씀바귀 나름의 맛이 있다.

씀바귀나물을 특히 좋아한다. 매년 씀바귀나물 때문에 '특별한' 고생을
한다. 씀바귀나물을 내놓는 식당은 더러 있는데 대부분 신맛, 단맛, 감칠
맛 일색으로 내놓는다. 짝퉁 식초의 강렬한 신맛과 조미료의 감칠맛, 심
지어는 설탕, 사카린 계열의 흉포한 단맛까지. 씀바귀나물의 쓴맛은 사
라지고 없다. 씀바귀나물의 쓴맛을 가리면서 왜 씀바귀나물을 먹는지
도무지 알 수 없다. 식당 주인들은 "손님들이 쓴맛을 싫어한다"고 에두른
다. 어쩔 수 없이 친분 있는 식당에 미리 부탁하고 일삼아 찾아가는 수밖
에 없다.

산나물 먹는 나라에 태어나 다행이다

•

나물 음식이 사라지고 없어지더니, 나물 문화에 대한 올바른 판단도 사라지고 있다. 우리 시대 음식 문화의 천박함이다. 우리가 잊었을 뿐이지 한반도 나물 문화는 정교했다. 선조들은 나물의 양이 아니라 여러 가지 맛과 향을 취했다.

배고파서 마지못해 먹었다는 말은 한식과 산나물에 대한 모욕이자 모독이다.

한반도 나물의 특징은 다양함이다. 한식의 특질도 다양함이다. 같은 나물이라도 새싹, 줄기, 잎의 맛이 다르다. 같은 취나물이라도 참취, 곰취, 수리취, 단풍취, 미역취의 맛이 다르다. 우리 시대는 나물마다 맛이 다르고, 나물의 부위마다 다르며, 계절마다 맛이 다른 '나물의 다양한 맛'을 버렸다. 참취와 곰취 정도를 먹으면서 "많이, 맛있게"를 외친다.

나물은, 된장에 무치는 것이 다르고 간장에 무치는 것이 다르다. 생채生菜, 숙채熟菜, 초채醋菜, 침채沈菜 그리고 말린 나물의 맛이 다르다. 말리는 정도에 따라 또 다르다.

우리는 모든 나물 음식에 참깨를 뿌려서 내놓는다. 그저 "고소하게, 맛있게, 많이"를 외치면서. 단맛과 감칠맛의 천하통일이다. '기승전-단맛, 감칠맛' '기승전-많이'다.

우리는 좋았던 나물 문화를 다 망가뜨렸다. '왕과 고관대작들은 호의호식했다'는 표현은, '가난한 이들만 마지못해 먹었다'는 뜻이다. 식재료에 관한 한 풍요로운 시대다. 먹을 것이 넘쳐나는 시대에 누가 '마지못해, 가난한 이들이 생명 부지하려 먹었던 음식'을 먹을 것인가?

이른 봄, 반가에서 오신반을 귀한 선물로 여겼다는 이야기는 까맣게 잊었다.

청렴의 상징, 계절을 알리는 전령사, 향과 맛이 각각 다른 산나물은 언제부터 천대받기 시작한 것일까? 법령같이 몇 월 며칠부터 발효한다는 기록이 없으니 그저 추정할 뿐이다.

일본인들은 산나물을 먹지 않는다. 버섯이나 두릅, 고사리 등 극히 일부만 먹는다. 그것도 일상적이지 않다. 일본인들의 나물은 들나물 일부다.

일제 강점기, 일본인들이 보기에 산에서 여러 가지 '잡초'를 캐서 먹는 조선 사람들이 한심했을 것이다. "왕과 지배계층만 호의호식하고 서민들은 먹지 못할 잡초를 캐서 먹는다"고 생각하고, 말했을 것이다. "너희들의 지배 계층은 당파 싸움이나 하고 백성들은 챙기지 않는다"는 말과

오래전부터 먹었던 산초장 아찌와 최근에 유행하는 토마토 장아찌가 같은 접시에 있다.

다르지 않다. 조선은 당파 싸움이 없는 말기 100년, 노론 일파의 세도정치로 망했다. 당파로 망한 것이 아니다.

조선 말기까지도 우리는 산나물에 대해서 긍정적인 시각을 가지고 있었다. 일제 강점기를 지나면서 나물에 대한 평가(?)가 달라진다.

"너희 왕과 지배계급은 혼자만 호의호식하고 국민들은 챙기지 않았다. 너희들에게는 먹지 못할 것을 먹게 했다."

일본인들에게 대부분의 산나물은 잡초다. 먹는 나물은 채소 일부다. 아오모노(aomono, 靑物, 청물)다. 푸성귀라는 뜻이다. 다양하지도, 세분화하지도 않았으니 뭉뚱그려서 그저 '푸른 것'쯤으로 해석한다. 산나물은 아예 먹지 않았으니 몰랐고, 들나물, 푸성귀도 우리처럼 다양하지 않다.

지금도 일본어로 한국의 나물을 표현할 때 여전히 가타가나로 쓴다. 'ナムル(나무루, Namul)'다. 가타가나는, 알다시피, 일본어에는 없는 외국어를 표기할 때 사용하는 문자다. 나물이 없었고 몰랐다는 뜻이다. 일본에서는 먹지 않았다는 뜻이다. 지금도 일본인들은 나물을 잘 모른다.

100년도 훨씬 전의 이야기다. 한국인의 밥상을 모르고 한국의 나물 문화를 몰랐다. 스스로 먹지 않았으니 잘 몰랐을 것이다. 모르면, 먹을 수 있다고 믿지 않는다. 나물은 먹지 못할 잡초, 초근목피의 상징이다.

'왕은 호의호식, 백성들은 초근목피'는 일본인들의 진심이었을 것이다. 불행히도 이 말은 "일본이 너희들의 썩어빠진 왕이나 지배계층보다는 나을 것이다. 지금부터 일본이 너희들을 챙기겠다"는 말로 발전한다. 식민사관의 한 갈래다.

'그까짓 나물'이라고 하찮게 말하지 말자. 그렇지 않다. 나물은 한식의 소중한 특질을 보여준다. 그까짓 나물, 구황식품이라고 말하는 것은 '궁중' '조선의 왕' '한식'을 내걸고 한낱 술집 안주를 내다 판 매국노들의 짓과 다를 바가 없다.

　방송 출연 덕분에, 더러는 혼자서 공부하러, 산나물 좋은 곳들을 다녔다.

　경남 양산의 어느 식당, 경북 영천의 깊은 산속, 울진의 너와집이 있는 산과 작은 들, 강원 양양의 유명한 나물 전문점, 인제 점봉산, 방태산 자락, 영·호남의 지리산 자락, 속리산, 경기도 곤지암의 산나물이 좋은 식당, 서울 인사동, 가평과 연천…. 숱한 산과 들에서 귀한 산나물, 들나물을 만났다.

　산나물 먹는 나라에서 태어나서 다행이다. 한식 공부하길 잘했다.

궁중음식의
진실

조선의 왕들은 호화롭게 먹었다?

조선의 왕들은 무엇을 먹었을까?

왕들은, 조선의 음식, 한식을 먹었다. 국왕들이 먹었던 한식은 어떤 음식이었을까? 왕은 먹고 싶은 것을 마음껏, 호화롭게, 자기 마음대로 먹었을까? 많은 사람들이 '왕의 밥상'에 대해 관심을 가진다. 왕은 어떤 음식을 먹었을까?

결론부터 이야기하자면 왕의 밥상, 궁중의 음식은 허구다. 왕의 밥상은 없었다. 우리 시대 사람들이 만들어낸 허구의 음식이다.

'왕의 밥상'과 '국가 조선의 음식'을 혼동한다. 왕의 일상적인 음식과 국가가 다른 국가에 혹은 종묘 등 제사에 올리는 음식을 혼동한다.

김영삼 대통령의 칼국수는 대통령의 음식이다. 칼국수가 한국을 대표하는 음식은 아니다. 외국 수반들이 한국을 찾았다. 칼국수를 냈을까? 그러진 않았다. 대통령은 우리나라를 찾는 외국 수반들에게 만찬을 제공한다. 어느 대통령이나 마찬가지다. 대통령이 참석하지만 국가의 공식적인 음식이다. 고 김대중 대통령이 해산물을 좋아한다고 만찬에 홍어를 내놓는 것은 아니다. 공식만찬은 대통령이 제공하지만 대통령 개인이 아니라 국가가 내놓는 것이다. 만찬은, 와인 혹은 의미가 있는 우리 술 등을 곁들이고 화려한 음식들을 낸다. 칼국수, 홍어, 민어 등은 대통령의 음식이다. 한국을 대표하는 밥상의 음식은 아니다.

음식은 봉제사접빈객奉祭祀接賓客의 도구다. 조선시대 가장 화려한 밥상, 제사 음식은 종묘에 대한 제사다. 종묘 제사상의 음식은 왕의 일상적인 밥상이 아니다. 외국 사신이 왔을 때도 마찬가지다. 중국 사신단, 왜, 유구 열도 등에서 사신이 오면 만찬을 연다. 국왕 초대 사신단 만찬이다. 화려하고 거창하다. 마찬가지다. 왕의 밥상은 아니다. 중국 사신단을 위한 밥상은 국왕의 밥상이 아니다. 왕, 대통령의 일상의 밥상과 국가를 대표하는 밥상은 다르다.

왕의 밥상이 호화로웠다는 오해는 여기서 시작한다. 개인의 밥상과 국가를 대표하는 잔치, 행사 밥상을 혼동했다. 《진찬의궤》, 《진연의궤》를 들먹이며 '궁중음식, 왕의 밥상'이라고 표현했기 때문이다. 행사의 밥상과 일상의 밥상을 뒤섞었다.

진찬의궤 중 하나인 《순조기축진찬의궤純祖己丑進饌儀軌》를 설명하는 글이다.

《순조기축진찬의궤》는 효명세자가 순조의 40세와 즉위 30년을 경축하여 왕에게 연향을 올린 것에 대한 기록으로서, 외연과 내

연이 아울러 실린 몇 안 되는 의궤 중의 하나이다.

이 책은 순조 29년(1829년), 순조 40세 생일과 즉위 30주년을 기념하여 있었던 '진찬'을 기록한 것이다. 기축년(1829년)에 아들 효명세자(孝明世子, 1809~1830년)가 아버지를 위하여 마련한 대규모 궁중 파티 기록이다.

기축년에 대규모 파티를 기획한 이유가 있다. 이 무렵, 장동 김문壯洞金門 세도정치의 뿌리가 돋기 시작했다. 순조의 장인인 김조순은 당파 정치를 부정했지만 그로부터 조선 말기 100년의 망국 세도정치는 시작된다. 노론 벽파와 남인 시파의 대립도 여전했다.

순조는 불과 11세에 즉위했다. 증조할머니 정순왕후가 3~4년 수렴청정을 했다. 궁중에 어른도 많았다. 정순왕후는 대리청정 시절 궁궐의 신하들을 '나의 신하'라고 부를 정도였다. 짧은 시절이지만 수렴청정이 아니라 여군주 노릇을 했다. 10대 초반의 어린 왕은 허깨비였다. 사춘기를 지나면서 수렴청정은 끝났지만 곧 외척, 세도정치가 시작되었다.

순조는 강력한 전제군주도 아니었다. 몸도 약했다. 기축년의 진찬이 있을 무렵 효명세자가 대리청정을 했다. 왕권이 약하다. 신하들, 외척은 거세다. 차기 대권주자인 효명세자는 왕권의 강함을 보여줄 필요가 있었다. 효명세자를 중심으로 기축년의 순조 즉위 30주년, 40세 기념 대규모 파티가 열린다. 바깥으로 왕권의 강력함을 보여줄, 전시용 기획 행사였던 셈이다.

이날 행사에 내놓은 왕의 밥상에는 무려 47가지의 음식이 올랐다. 이 음식이 모두 '왕의 밥상'일까? 그렇지는 않다. 흔히 '왕이 받았던 밥상, 궁중음식'이라고 하지만 바깥으로 보여줄 행사용 음식이다. 국가의 밥상이지 왕의 밥상은 아니었다. 이걸 왕의 밥상으로 부른다면 대통령이 외국 원수들을 접대하는 음식을 '대통령의 음식'으로 불러야 한다.

내용물도 마찬가지다. 반찬, 음식의 가짓수는 많지만 왕실에서만 사용했다거나 궁중에서만 먹었던 음식은 없다. 민간에서도 먹었을 법한 붕어찜, 열구자탕 등이 기록에 남아 있다.

진풍연, 진찬, 진연, 진작 등은 조선시대 궁중의 행사다. 규모가 각각 다르고 차리는 음식의 내용도 달라진다. 영조대왕 대의 진찬은 '조촐하게 차리는 잔칫상'이지만 정조대왕 대의 혜경궁 홍 씨 회갑 경축 진찬은 규모가 훨씬 커진다. 같은 이름이라도 시대에 따라 내용이 달라진다.

정조 19년(1795년) 윤2월에 있었던 혜경궁 홍 씨의 환갑잔치가 화려했던 이유는 무엇일까? 역시 왕권이 강화되었음을 널리 알리는 의도가 숨어 있다.

즉위 19년, 왕권은 비교적 안정적이다. 험한 고비를 넘기면서 여기까지 왔다. 정조의 즉위 과정도 순탄치 않았다. 아버지 사도세자는 뒤주에서 죽었다. 어린 시절 정조는 아버지의 억울한 죽음을 목격했다. 트라우마로 남았다. '역적' 사도세자의 아들로는 왕위에 오를 수 없었다. 결국 사도세자의 이복형 효장세자(진종)의 아들로 입적했다. 궁중에는 아버지를 죽이는데 찬성한 노론 벽파가 시퍼렇게 남아 있다. 정조가 등용한 남인, 남인 시파들도 있다. 그 혼란을 뚫고 20년을 버텼다. 겨우 친아버지 사도세자의 위패를 수원 화성으로 옮겼다. 화성도 완공 단계였다.

홀몸이 된 친어머니의 환갑이다. 화성으로 행차하여 친아버지의 묘를

둘러보고 어머니의 환갑잔치를 연다. 나라의 경제, 개인적인 왕실의 재산도 비교적 넉넉하다. 정조로서는 '나라가 이 정도로 안정되고 왕권도 안정적'임을 대내외적으로 보여주고 싶었을 것이다.

혜경궁 홍 씨의 환갑날 밥상은 화려했다. 그러나 그 밥상이 일상의 궁중 밥상은 아니다.

오늘날도 마찬가지. 환갑 잔치, 아이들 돌잔치에 내놓는 밥상이 일상의 밥상은 아니다. 하물며 정조가 내놓은 어머니의 환갑날 잔치밥상을 두고 '궁중음식'이라고 말하면 곤란하다.

내용물도 마찬가지다. 화려하지도, 궁중만의 음식도 없었다. 고가의 음식 중에 열구자탕이 있지만 열구자탕은 이미 민간에서 널리 먹었다.

왕의 밥상은 허구다. 조선의 왕들은 의외로 소박하게, 법도에 맞는 밥상을 받았다. 12첩 반상이라고 특별히 챙기지도 않았다. 12첩 반상 자체가 조선말기 청나라의 '위첩 12반상'을 본떠 만든 것이라는 추정도 있다. 우리 것이 아니라는 이야기다. 왕은 12첩을, 반가에서는 9첩을 운운하는 것은 촌스럽다. 교과서에 실렸다고 하지만 근거는 없다. 조선시대 어떤 기록에도 왕이 12첩을 받았다는 표현은 없다. 허구다.

그릇 자세히 살펴보기

•

엉뚱한 논쟁거리는 '첩'에 있다. 12첩, 9첩, 7첩을 받는다는 표현의 '첩'이다. 조선시대 어떤 공식 기록에도 첩이라는 표현은 나타나지 않는다. 지금도 첩은 한자 표현이 없다. 한자 표현이 없는 단어는 공식 문서에 기록할 수가 없다. 공식적인 문서에는 이두 표현을 이용하더라도 한자를 사용하는 것이 원칙이다. 공식 문서에 기록되지 않은 궁중의 음식? 이상하지 않은가? 민간에서 사용하는 단어라도 소리 나는 대로 적어서 한자 표현을 한다. 배추는, '민간에서 배초拜草라고 하는데 중국의 백채白菜에서 비롯된 것이다'는 식이다. 한자 표현이 없는 배초를 '拜草'라고 표현했다. 이 한자에는 뜻이 없다. 그저 민간에서 부르는 이름 '배초'를 글로 나타낸 것이다.

그릇 단위를 나타내는 첩은 없었다. 대신 조선시대 내내 그릇을 나타내는 가장 기본적인 단어는 '기器' 혹은 '기명器皿'이다. 기명은 그릇을 뭉뚱그려 설명하는 뜻일 뿐이다.

'쟁첩'도 마찬가지다. 네이버에 나오는 쟁첩에 대한 설명 중 일부다.

쟁첩은 우리나라의 일상식이 반상차림으로 완성된 조선시대 이후에 널리 보급된 것으로 추측된다. 반상을 차릴 때 반찬수에 따라 3~12첩으로 구분되는데, 이는 쟁첩의 수가 기본이 된다. 즉, 김치·조치·국·밥과 종지에 담는 양념 이외의 쟁첩에 담는 반찬 수가 반상의 첩수가 되는 것이다.

언제라고 설명하는 것이 아니다. 말 그대로 '추측된다'이다. 추측이다. 물건은 숙명여대에서 보관하고 있다. 물건이 버젓이 있는데 '추측'한다. 물건이 있으니 분석해보고 자료를 뒤져서 찾아보면 연대쯤은 나올 것이다. 연대도 허황하다. 그저 '조선시대 이후'다. 조선은 518년 동안 건재했던 국가다. 조선 전기와 조선 중기, 후기의 사회는 전혀 다르다. 음식도 달라지고 그릇도 달라진다. 조선시대 이후의 그릇인데 궁중에서 사용했다. 그러면 대한제국 시기 혹은 일제 강점기라는 뜻일까? 이 글만 봐서는 도무지 언제 그릇인지 알 도리가 없다.

내용을 뒷받침하는 근거도 없다.

우리는 조선시대보다는 발전한 사회에 산다고 믿는다. 과연 그럴까?

《경모궁의궤》제1권 '제기 도설'의 내용 중 일부다. 이 책은 사도세자(추존)의 제사를 모신 기록이다. 내용 중 제사에 사용한 그릇을 상세하게 설명한 부분이 있다. 제사 그릇은 평상시 그릇과 다르다. 《경모궁의궤》의 간행 연도는 1783년(정조 7년)이다. 간행청은 의궤청이고 편집 등 책임은 교정청이다. 모든 기록이 정확하게 남아 있다.

변邊과 먹羃(석전의釋奠儀)

변은 대나무로 만든다. 아가리(口)의 지름은 4치寸 9푼分, 발(足)까지 합한 높이는 5치 9푼, 깊이는 1치 4푼, 발의 지름은 5치 1푼이다. 건巾(덮개)은 모시(紵)를 쓰는데, 겉은 검붉은 색이고 속은 분홍색이며, 1폭짜리 원형이다.

'변'이라는 그릇은 대나무로 만든다. 대나무로 만든 광주리 같은 모습이다. 크기도 상세하게 설명했다. 덮개의 재질과 색깔도 상세하게 설명한다. 겉은 검붉은 색, 속은 분홍색이다. 덮개 재질은 모시다.

정鼎과 조俎는 기수奇數(홀수)로 하고, 변籩과 두豆는 우수偶數(짝수)로 하는데, 이것은 음양陰陽을 구별하는 뜻이다.
— '주례周禮',《삼례도三禮圖》

정과 조는 홀수로 하고 변과 두는 짝수로 한다. 이유는? 음양을 따졌다. 매 항목에 논거도 있다. '주례'를 따랐다. 그릇의 용도는? 변은 마른 식재료를, 두는 물기가 있는 것을 담는다. 아래에는 두에 대한 설명이 뒤따른다. 오늘날의 그릇은 두와 닮았다.

두豆와 뚜껑(蓋)(석전의)
두는 나무로 만든다. 높이와 깊이, 아가리 지름과 발 지름은 모두 변籩의 제도를 따른다.

두의 재질은 나무다. 크기는 모두 변의 내용을 따른다. 변과 두는 같은 크기, 같은 모양이지만 재질이 다르다. 변은 대나무로, 두는 나무로 만든다. 용도도 다르다.

변과 두에 담는 물품은 물이나 흙에서 나는 것으로 한다. 주注에 "변은 두의 짝이 되는 물건이다." 하였다. '빙례聘禮'의 소疏에 "모든 찬물饌物은 두에 담는 것이 기본이 된다." 하였다.
변은 '주례' 천관총재天官家宰에 변인籩人 조에 들어 있는데, 두는 해인醢人 조에 들어 있다.

변과 두는 짝이 되는 물건이다. 변이나 두에 담는 것은 물이나 흙에서 나는 것들이다. 물에서 나는 것은 해산물을 포함한다. 모든 찬물, 음식물은 두에 담는 것이 원칙이다. '주례'에 의하면 두는 해인 조에 속한다. 해인은, 추정컨대, 젓갈 만지는 사람, 혹은 젓갈과 관련된 어떤 사물이나 일이다. 해醢는 단백질이 강한 생선 등으로 만든 젓갈을 이른다.

등甄과 뚜껑(진 씨陳氏의 '예서禮書')

등登은 와두瓦豆이다. '의례儀禮'에는 '등甄'으로 되어 있다. 대갱大羹을 담는다.

등은 와두인데, 대갱을 담는다. 대갱은 고기 곤 국물이다. 오늘날의 곰탕과 흡사하다. 제사에서 귀중하게 여긴다. 큰 대大는 크다는 뜻 외에 으뜸, 바탕이 되는, 이라는 뜻도 있다. 제사의 기본이 되는 국물이 바로 대갱이다. 대갱을 위한 특별한 그릇이 바로 와두다. 근거도 분명하다. 진 씨의 '예서'다.

형鉶과 뚜껑('예서')

형정鉶鼎은 국을 담는 그릇이고 형갱鉶羹은 오미五味로 맛을 낸 국이니, 국으로 말하면 형갱이라고 하고 그릇으로 말하면 형정이라고 한다.

고기 곤 국물에 아무 것도 더하지 않으면 대갱이고 오미로 맛을 내면 형갱이다. 형정은 형갱을 담는 그릇이다. 근거는 '예서'다. 형갱은 오미를 더하여 맛있지만 대갱에는 미치지 못한다. 서술 순서도 뒤편이다.

제사에 사용한 그릇들을 이토록 상세하게 설명했다. 그런데 조선의 왕실 혹은 반가에서 사용한 그릇에 대한 한자 이름도 없다는 것은 어찌 해석해야 할까?

왕은 정말 대단한 밥상을 받았을까?

•

조선의 그릇을 헤아리는 기본 단위는 '기器'였다. 《일성록》영조 41년 (1765년) 10월 4일의 기사에는 기器가 정확하게 나타난다. 제목은 '내가 다섯 번째 상소를 올려 진연을 청한 데 대해, 비답을 받았다'이다. 기사 제목의 '나'는 당시 소손小孫이었던 정조대왕이다. 왕이 되기 전 세손이니 신臣이라고 칭했다.

> 상소에 이르기를,
> "삼가 신이 연달아 상소를 올려 누차 간청하여 성상께서 마음을 돌리시기를 바랐으나, 비답을 받아 보니 윤허를 내리지 않으셨습니다.(중략)

여러 번 '궁중 파티'를 열자고 했으나 영조대왕은 끝내 손사래를 친다. 상소의 첫머리는 그간 여러 차례 거부했던 모습이 드러난다. 여러 차례의 간청 끝에 결국 영조는 '파티'를 허락한다.

이어(영조대왕이) 오열하면서 하교하시기를,

"어린 나이에 지나치게 마음을 써서 혹 성정이라도 손상시키면 종사는 어찌할 것인가. 이것이 내가 심력을 다해 생각하고 헤아린 것이다. 그리고 이미 초심初心에 부끄러우니 어찌 크게 벌일 수 있겠는가. 경현당 수작景賢堂受酌이라 일컫고, 이달 11일에 거행하되 선온宣醞의 예例대로 하라."

이러다 손자 다치겠다 싶어서 마지못해 승낙한다고 이야기한다. 조건이 있다. 이름을 수작이라고 붙인다. 선온의 예로 한다. 간단하게 표현하면 그저 '한잔 낸다'는 정도로 간략하게 하라는 뜻이다. 진연이나 진찬 같은 이름을 붙이지 말라는 뜻이다.

또 하교하시기를,

"선대왕께서 잔치를 내린 당에서 망팔에 잔을 받는 이러한 일을 어찌 꿈에라도 생각하고 헤아린 바이겠는가. 그러나 미수는 10기器를 넘지 않게 하고, 신하들은 5기를 넘지 않게 하며,"

'선대왕께서 잔치를 내린 당'은 숙종이 1719년(숙종 45년)잔치를 벌였던 경희궁 경현당이다. 영조는 1694년생이다. 이해 영조는 71세가 되었다. 망팔望八이다. 당시로서는 장수다. 재위도 이미 42년째. 갖은 위기를 다

겪고 겨우 나라가 안정된 시기다. 뒤주에서 죽은 아들 대신 세손이 차기 대권 승계 예정이다. 힘을 보여주고 싶다. 여러 번 상소가 올라오지만 물리친다. 이 상소는 세손 정조가 올리는 다섯 번째 상소다. 몇 번의 간청 끝에 차기 대권 승계자인 세손의 청을 마지못해 받아들인다. 그런 의미가 있는 잔치에 '미수는 10기器를 넘지 않게 하고, 신하들은 5기를 넘지 않게 하며(然味數無過十器, 諸臣無過五器)'라고 했다.

원문을 보면 분명 '기器'라고 표현했다. 국왕은 10기, 신하들은 5기다. 영조의 성격상, 자신의 잔칫상을 12기에서 10기로 줄였더라도 신하들의 밥상은 줄이지 않았을 것이다. 9기를 그대로 받으라고 했을 것이다. "왕은 12첩, 9첩을 받고, 반가에서는 7첩을"이란 표현은 어디서 시작된 것인지 알 수가 없다. 어디에도 근거가 없다.

'미수味數'에 대해서도 논란은 있다. 흔히 안주상 자체를 미수라 하고 초미初味, 이미二味, 삼미三味 라고 표현한다. 술상을 여러 차례 들이는 것으로 해석한다. 이 기사를 보면 술안주 그릇 모둠 정도다. "미수가 10기를 넘기지 않는다"는 표현은 "술상의 안주 그릇이 열 가지를 넘기지 않는다"로 해석하는 것이 맞다. 미수는, 여러 차례 올리는 술상이 아니었다. 왕은 대단한 밥상을 받았다고 생각하니 그런 오해가 생긴다.

조선시대 기록에 나타나는 안주, 반찬의 단위는 '기器'다. 첩, 쟁첩은 어디에서 시작되었는지 알 수 없다. 조선말기 혹은 일제 강점기, 외국에서 무분별하게 받아들인 문물 중에 뒤섞여 들어온 것이 아닐까 하고 추정하지만 확인할 수는 없다. 뿌리가 있으면 단어의 사용 내력을 알 수가 있지만 그 근거와 뿌리가 보이지 않는다.

"궁중요리, 궁중음식은 없다"고 하면 뜨악하게 쳐다본다. 말도 안 되는 소리, 논리가 닿지 않는 엉뚱한 소리로 여긴다. "조선시대 궁중에서 먹던 음식이 없었다고요?" "그럼 왕의 밥상은 뭐죠?" 하고 묻는다.

간단하다. 왕이 특정 김치를 먹었다고 그 김치가 '궁중김치'가 되는 것은 아니다. 궁중음식은 '(민간에서는 먹지 않았던) 궁중만의 음식'이다. 혹은 궁중에서만 사용한 비법으로 만든 음식이다. 궁중에서만 사용하는 특수한 비법으로 만든 궁중의 음식? 그런 음식은 없다. 궁중만의 비법, 음식 레시피도 없다. 그럼 지금 여기저기 등장하는 '궁중음식'은 뭘까?

자, 이제 되묻는다. "왜 우리나라에만 궁중요리, 궁중음식이 있고 외국에는 없을까?" 우리보다 훨씬 힘센 제국은 많았다. 영국을 비롯하여 독일, 오스트리아, 스페인, 프랑스 등은 유럽의 막강 제국이었다. 힘센 황제도 많았다. 일본, 러시아, 중국도 마찬가지. 이들은 껍데기만 남은 대한제국보다는 훨씬 힘센 제국이었고 황제가 있었다. 궁중음식이 있었다면 그런 나라의 황제나 왕은 더 귀하고, 화려한 음식을 먹었을 것이다. 그런데 왜 이런 막강 제국에는 궁중음식, 궁중요리가 없었을까? 대영제국 왕실의 궁중음식? 있을 법하다. 그런데 없다. 만한전석滿漢全席? 다 알다시피 '쇼'다. 지배층인 만주족과 피지배층인 한족의 융합을 드러내기 위한 보여주기 밥상이다. 한족이 지배층이라면 자신들의 음식과 만주족의 음식을 한 밥상에 얹을 시도를 했을까? 아니다. 만한전석, 이젠 인기도 시들하다. 궁중음식이라고 굳이 내세우지도 않는다.

궁중요리? 왕실에서 먹었던 화려한 한식일까? 아니다. 나라의 수치고 치욕이다. 왕실과 나라가 망했으니 수치스럽게 당한 일이다. 한낱 '친일파 천박한 술집 주인' 안순환 같은 자가 나라와 궁중을 능멸하고, 천박하게 팔아먹은 '술상의 요리' 이름이다. 그게 궁중요리다.

누가 먹었을까? 천박한 일본 사무라이 건달패거리와 정치 협잡배들, 조선을 집어삼킨 일본 정치인, 쓸개 빠진 친일파 앞잡이들이 먹었던 술집 주안상이다.

"너희들 이왕李王이 먹었던 밥상, 술상 차려와 봐!"라며 호기롭게 받았던 밥상이다. 나라가 망했으니 이렇게 당했다. 당시 조선인, 한국인들이 일본이나 중국에 가서 "너희들 황제, 일왕이 먹었던 밥상 차려와 봐!"라고 할 수 있었을까? 꿈도 꾸지 못할 일이다.

궁중요리. 부끄러운 일이다. 왕의 밥상이라고 내세울 일이 아니다.

안순환은 누구인가?

•

한식을 이야기할 때 늘 '안순환'이 먼저 나타난다. 안순환(安淳煥, 1871~1942
년)은 누구인가?

안순환이 궁중요리를 내놓는 '명월관'을 세웠고 일제 강점기에 이 음
식을 후대에 전했다고 이야기한다. 이게 한식의 뿌리라고 말한다. 엉터
리다.

안순환에 대한 왜곡된 이야기들은 오늘날 한식과 궁중요리, 궁중음식
의 왜곡으로 이어진다. 시작이 잘못되었다. 긴 세월동안 고치지도 못했
다. 잘못된 한식은 지금도 버젓이 '전통, 정통' 행세를 한다.

여기저기 널려 있는 안순환에 대한 설명은 대부분이 엉터리다.

"안순환은 대한제국 말기, 궁중의 전선사 사장으로 일했다. 대령숙수
로 일했던 그는 강제 해고된 후에 궁중요리를 내놓는 명월관을 세웠다.
명월관은 조선궁중요리를 내놓던 최초의 술집이었다. 안순환은 일제 강
점기, 한식을 전승했다."

대부분의 내용이 틀렸다.

안순환은 조리사도, 음식점 경영자도 아니었다. 철저한 친일파이자 친
일파와 일본을 등에 업고 호화 술집을 운영한 '술집 경영자'였다. 그는 난
세의 간교한 술집 주인이었을 뿐이다. 궁중을 자신의 장사에 이용했다.
명월관은 왕의 밥상, 왕의 여자와 더불어 흥청망청 노는 곳이었다. 명월
관의 기생들이 홍보, 광고를 위해 종로통에 양산을 쓴 채 활보했다는 신
문기사도 있다. 세상 어느 궁중음식점에서 작부들을 동원하여 길거리

홍보를 할 것인가? 작부들이 광고하는 곳은 밥집이 아니라 술집이다.

일본인, 친일파, 권력을 찾는 천박한 장사치, 지주 계급, 뼈 없는 조선의 관료들이 주고객이었다. 그들이 '왕의 여자를 끼고, 왕의 음식을 먹는' 곳이 바로 명월관이었다.

돈 없는 안순환의 뒷배를 송병준이 봐주었다는 내용도 있다. 송병준과 안순환은 무척 가까웠다. 송병준은 정미칠적丁未七賊이다. 이완용 급의, 대표적인 친일파 거두다.

안순환이 말년에 유학儒學을 장려했다는 내용은 코미디에 가깝다. 신분 세탁이었다. 평생을 흉측하게 살았던 모리배, 늑대가 나이 들면서 양의 탈을 잠깐 빌려 썼다. 자신의 천박한 신분세탁을 위하여.

안순환에 대한 소설

•

안순환에 대해 좀 더 상세히 알아보자. 그전에, 어느 웹 사이트에 있는 '안순환 평전'이라는 것을 먼저 보려 한다. 상당히 긴 내용 중 일부를 옮긴다.

'안순환 일대기편 – 그 사람, 안순환'
1907년 어느 날. 고종이 양위되기 며칠 전이었다. 대전 앞에 수십 명이 머리를 조아리고 있다. 곧 고종의 마지막 수라상이 올려지고, 고종이 방 안에서 묵묵히 밥 한그릇을 비워냈다. 고종이 식사를 마칠 때까지 이들은 한참을 움직이지 않고 그렇게 서 있었다.

이들은 누구인가. 고종이 양위되자 궁의 살림을 맡아 보던 사람들까지 모두 해고되었는데 이들이 바로 그들이다. 이들 중 안순환이 있었다. 고종의 식사가 끝나자 신하들 중 몇 명은 격분을 또는 슬픔을 이기지 못해 바닥에 주저앉아 하염없이 눈물을 흘렸다. 안순환 역시 주먹을 불끈 쥐고 입술을 깨문다. 이들의 울음소리가 고종에게까지 전해졌던 것일까. 고종이 친히 나와 대전에 앉았다. 주저앉아 통곡 하던 신하들이 놀라 일어나고, 고종은 이들에게 마지막 인사를 전한다.

"짐의 살림을 맡아 하느라 그동안 고생이 많았다. 그대들 덕분에 내가 마지막까지 따뜻한 밥 한그릇이라도 먹고 떠날 수 있게 되었구나."

다시 누군가 참던 울음을 터뜨렸다. 고종도 참을 수 없는 설움이 북받쳤을까 자리를 일찍 뜨고 신하들은 마지막 예를 올리고 궁을 빠져 나간다.

지금으로 치면 갑자기 실업자가 된 격이다. 평생직장이라 여겼던 곳에서 어이 없이 해고당한 것이다. 그것도 자신이 모셨던 사람에 의해서가 아닌 이 집 살림을 노리는 옆집 괴한에게서 파직을 당한 격이라 더욱 기가 차는 노릇이었다. 고종의 요리사 즉 궁중숙수였던 안순환, 그의 충격은 더욱 컸으리라.

(중략)어디서 또 몇 년은 음식점 조수로 세월 가는 동안 온갖 험사를 겪어내면서 음식에 관한 한 대숙수가 되어갔다.

나라가 1905년 을사늑약으로 일차 기울고, 1910년 8월 29일(국치일) 대한제국이 합병 문서에 조인하여 완전히 일본인의 조선총독부로 넘어가기까지 최소의 인원을 제외한 나인, 별감, 내시 등 모든 인원을 정리 해고함에 따라, 이제까지 궁 안의 음식과 온갖 연회를 시원시원하게 진두지휘하던 거구의 위엄 있는 사나이 안순환이 정리해고 된 인사들에게 뜻밖의 제안을 했다.

"이제부터 당신들 남은 인생을 내게 주시게. 살길을 찾으려 한다면 나를 믿고 따라와 준다면 여러분의 몫은 챙겨줄 테니 염려 붙들어 매고 따라만 오시겠는가?"

일본에 먹혀 나라가 망하는 것은 한식이냐 청명이냐 하는 판에, 장차 대궐을 나가면 어떤 곳에서 어떤 꼴을 하고 살다 죽을까 염려하며 을사년 이후 전전긍긍하던 사람들이 이와 같은 안순환의 배짱이나 신망이 얼마나 반가웠을까.

그는 시내로 나가 사람들을 만나기 시작했다. 그는 함께 일하던 숙수들을 만났다. 그리고 이곳저곳을 수소문해 기생들을 모으기 시작했다. 여러 차례 사람들을 만나고 또 구체적인 계획을 꼼꼼하게 종이에 기록하는 안순환. 그는 요리의 대가였지만, 이미 사업가의 기질도 타고났었다.

그렇게 몇 달이 지나 그는 황토마루에 서 있다. 그의 동료 숙수들과 기생 몇이 그곳을 방문했다. 안순환은 쪼그리고 앉아 바닥 흙을 만져본다. 마치 금가루를 만지는 듯 그의 만면에 미소가 가득하다. 안순환은 1909년(1903년이라는 설도 있음 - 저작서예가 강무) 이곳 황토마루에 '명월관'이라는 요리집을 세운다.

안순환의 지휘 하에 개업을 단행한 조선 최고의 요릿집 명월관은 임금의 지척에서 놀던 궁기와 임금의 수라간에서 자랑하던 궁중 나인들이 솜씨 겨뤄 직접 만든 요리를 즐길 수 있었다.

(중략)안순환은 요리밖에 모르는 장인보다 찬방 잡부에서 정삼품으로 출세한 수완 좋은 경영자이자 야심가다. 송병준 같은 실력자와 친분을 유지하는 현실 감각도 있었다. 언론 플레이도 능했다. 신문에 자주 광고를 냈고, 1915년에는 경성과 지방의 신문사 기자단을 불러 기자대회를 열 정도였다.

안순환은 1928년 5월 1일자 〈별건곤〉 식도원주食道園主에 '조선요리의 특색'이란 글을 실었다. 그 글에서 안순환은 서양음식, 중국음식, 일본음식과 조선음식을 비교하면서 "조선음식은 첫째, 제철에 나는 재료로 만든 음식이 많고. 둘째, 양념으로 인해 음식맛이 좋고. 셋째, 음식배열의 규칙이 정연하고. 넷째, 여러 가지음식을 한상에 모아 놓아서 손님을 접대하는데 좋다."고 했다.

역시 조선요리 대가大家답게 조선요리의 특징을 너무 잘 표현한 지적이다. 이렇듯 안순환은 궁에서는 왕을 모시는 최고의 요리사였으나 이를 악물고 시작한 사업에서는 최고의 경영자였다. 주변의 상황에 귀를 기울이고, 모든 고객에게 객관적인 자세를 취했으며, 일개 기생의 아이디어에도 귀를 기울였다.

이쯤 되면 어안이 벙벙하다. 맞는 부분이 거의 없다. 근거도 전혀 없다. 연대도 모두 틀렸다. 모든 내용이 뒤죽박죽이다. 정확한 내용이 없다시피 하다.

안순환은 정말로 어떤 사람이었을까? 기록을 따라서 그를 살펴보자.

참고 자료는 《조선왕조실록》이나 《승정원일기》 등이다. 물론 두 자료가 늘 정확한 것은 아니다. 《조선왕조실록》도 틀린 부분은 있다. 정치적인 이해관계에 의해 실록과 수정실록을 따로 내기도 했다. 첨예한 사실의 기술 문제를 두고 사화史禍가 일어나기도 했다.

고종, 순종 대의 기록들은 일본인들의 입맛대로 기록한 부분이 많다. '친일파' 안순환이다. 일본인들이 친일파에 대해서 혹평했을 가능성은 없다. 경술국치를 전후하여 그는 늘 승승장구, 호의호식했다. 《승정원일기》에 나타난 안순환을 살펴보자.

고종 37년(1900년) 윤8월 27일(양력 10월 20일) 비
제목: 전환국 기수에 6품 최호원 등을 임용하였다
6품 최호원崔鎬元, 9품 안순환安淳煥·서상호徐相鎬·박성유朴聖裕·최상익崔相益·최인용崔麟溶을 전환국 기수에 임용하고(후략)

《승정원일기》에 처음 안순환이 등장한다. 9품 안순환은 전환국典圜局 기수가 된다. 전환국은 화폐를 만들고 관리하는 기관이다. 1883년 설치했다가 1904년 폐지된다. 안순환은 1900년 윤8월에 임명된다. 앞뒤가 맞다.

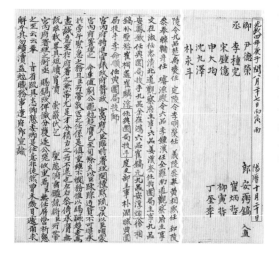

서울대학교 규장각한국학연구원_승정원일기 원문
고종 37년(1900년) 윤8월 27일 (양력 10월 20일) 비
제목: 전환국 기수에 6품 최호원 등을 임용하였다
6품 최호원, 9품 안순환·서상호·박성유·최상익·최인용을 전환국 기수에 임용하고

안순환의 벼슬인 9급 기수技手는 기원技員이라고도 하는데 이름만으로는 하급 기술직이다. 안순환의 공식적인 첫 직업은 '조폐 관리 기관 하급 기술직'이었다.

안순환은 요리사가 아니었다. 궁중에 들어가기 전 음식 조리를 배워서 고종의 밥상을 차렸다는 내용은 엉터리다. 안순환은 평생 단 한 번도 음식을 직접 만들지 않았다. 조리사도 아니고 '조선의 마지막 대령숙수'라는 이야기는 코미디에 가깝다. 대령숙수 안순환? 무협지 수준이다. 더 우스운 것은 조선 왕실, 국가 직책에는 '대령숙수待令熟手'라는 벼슬도 없었다는 점이다. 이건 무협 만화 수준이다.

평소 개인적으로 즐겨 찾는 웹 사이트에도 이런 엉터리 같은 내용이 버젓이 실려 있다.

대령숙수待令熟手는 조선시대 궁중의 남자 조리사를 일컫는 말이다. 대령待令이란 왕명을 기다린다는 뜻이고 숙수熟手는 요리사란 뜻이다.

이들은 궁중음식을 맡은 이조吏曹 사옹원司饔院에 속해 있었으며 총책임자는 정3품의 제거(아마 제조提調의 오기인 듯)였고 그 밑에 재부, 선부, 조부, 임부, 팽부 들이 각 수라간水刺間 조리를 책임지고 있었다. 이들은 모두 종6품에서 종9품까지의 품계를 지닌 조리 기술자로 중인계급이었다. 대령숙수는 세습世襲에 의해 대대로 이어졌고, 궁 밖에 살면서 궁중의 잔치인 진연進宴이나 진찬 때 입궐해 음식을 만들었다. 임금의 수라는 평소에는 소주방燒廚房에서 만들었고, 진연과 같은 큰 잔치 때에는 가가假家를 지어서 음식을 만들었다. 나라의 잔치 때에는 숙설청熟設廳에서 잔치의 모든 차비를 하는데, 진연의 경우 진연도감進宴都監이 일시적으로 설치되고 숙설소熟設所(궁중에서 큰 잔치를 준비하기 위해 임시로 세운 주방)를 세웠다. 숙설소에는 감관이 파견되고 40~50명에 이르는 숙수가 음식을 담당하였다.

구한말 왕조의 몰락으로 고종의 숙수였던 안순환이 1903년 황토마루에 요리집 명월관을 세우면서 일반인에게도 궁중음식이 알려졌다.

다시 말하지만 '대령숙수'라는 명칭은 없었다. 어느 만화에 나오면서 널리 알려졌는데, 만화는 만화일 뿐이다. 만화가 다큐멘터리는 아니지 않은가? 여러 차례 이야기하지만 안순환은 음식을 조리한 적이 없다. 그는 '술집 운영자'였다.

그는 정말로 어떤 사람이었을까?

•

불과 궁중 벼슬 생활 1년 남짓, 안순환에게는 큰 변화가 일어난다.

고종 38년(1901년) 10월 24일(양력 12월 4일) 맑음
제목: 전환국 기수 안순환의 본관을 면직하였다
전환국 기수典圜局技手 안순환安淳煥의 본관을 면직하였다.

1년 2개월의 짧은 궁중 관료생활. 안순환은 이때 처음이자 마지막으로 궁중생활을 스스로 접는다.

1907년 고종의 퇴위 당시 궁중에서 강제 실직 당했다는 내용은 출처가 어딘지 도무지 알 수 없다. 엉터리다. 안순환이 타의든 자의든 벼슬을 던지는 것은 이때 한 번뿐이다. 안순환은 1907년에는 실직하지 않았다. 고종의 퇴위와 더불어 벼슬을 접었다? 아니다. 안순환은 고종의 퇴위와 아무런 관련 없이 벼슬 생활을 이어갔다.

왜 안순환은 1901년 벼슬을 접었을까? 술집 명월관의 오픈이 1903년이다. 안순환이 전환국 기수를 그만둔 것이 1901년 12월이다. 대략 1년여의 기간이 빈다. 이 기간 동안 술집 오픈을 준비했을 것이다. 지금 서

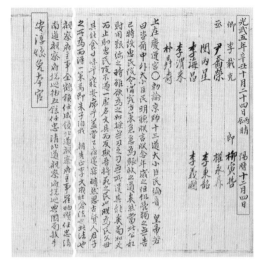

서울대학교 규장각한국학연구원_
승정원일기 원문
고종 38년(1901년) 10월 24일(양
력 12월 4일) 맑음
제목: 전환국 기수 안순환의 본관
을 면직하였다

울 동아일보 자리 언저리에 명월관을 세웠다. 어리 번쩍한 술집이다.

궁중에 들어가기 전 안순환은 빈털터리였다. 빈털터리가 1년 2개월의 하급직 벼슬아치 노릇을 하다가 갑자기 대형 고급 술집을 열었다? 그것도 가난한 나라, 궁중이다. 그 술집에 친일파 고관대작들이 드나들었다? 추측할 수 있다. 안순환은 짧은 궁중 생활을 통해 '물주'를 구했을 것이다. 그리고 술집을 연 것이 대략 1년여의 세월 후였다. 궁중에 들어간 것도 아마 이런 '빽'이 있어서 가능했을 것이다. 아무리 말단, 잡급직이라도 친일파의 추천이 없었으면 불가능했다. 안순환과 송병준. 뭔가 냄새가 나지 않는가?

안순환이 강제 퇴직하는 고종 앞에서 울음을 터뜨렸다? 마지막 대령숙수? 도무지 말이 되지 않는 이야기는 왜 나왔고 지금까지 남아 있을까? 언론의 과대포장이다. 역사는 승자의 기록이다. 일제 강점기 승자는 친일파였다. 게다가 안순환은 영악한 사람이다. 난세의 간웅이다. 그가 적절하게 언론 플레이를 했을 것이다. 아주 간단하게 점검할 수 있는 내용을 그대로 방치하고, 확대 재생산한 우리 시대의 잘못도 있다.

고종 42년(1905년) 12월 29일(양력 1월 23일) 맑음

제목: 양주 풍양의 비각을 증건하고 비석을 수립할 때의 별단에 대해, 양주 군수 홍태윤 등에게 시상하라는 조령

— 9품 이중삼李重三·이종숙李鍾淑·안순환安淳煥·김형찬金亨燦·정일섭鄭壹燮·(중략)은 모두 승륙陞六하라.

경기도 양주 풍양궁은 정종대왕 때 세운 이궁離宮이다. 태종대왕 원년

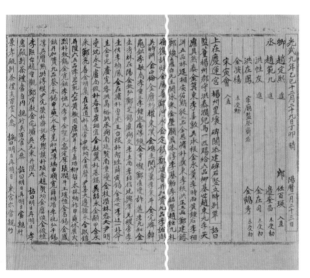

서울대학교 규장각한국학연구원_승정원일기 원문
고종 42년(1905년) 12월 29일(음력) 맑음.
제목: 양주 풍양의 비각을 증건하고 비석을 수립할 때의 별단에 대해, 양주 군수 홍태윤 등에게 시상하라는 조령. 9품 안순환을 승륙, 6품으로 특진시키라는 내용이 있다.

(1401년)에 이궁이 되었다. 여기에 비각이 있었고 고종황제 42년에 다시 비각을 더한 것이다. 관례에 따라 국가의 대행사가 있은 후 벼슬아치들에게 시상과 승진이 있었다. 이때 안순환은 구품에서 '승륙', 6품이 된다. 대단한 승진이다. 1901년 사직, 1903년 명월관 오픈, 그리고 1905년 안순환은 궁중으로 돌아왔고 6품으로 승진했다.

> 순종 2년(1908년) 11월 22일(양력 12월 15일, 화요일) 맑음
> 제목: 홍재기 등에 대한 인사를 행하였다
> ― 군 주사 홍재기洪在祺에게 영해군 근무를, (중략)안전의아安田義雅를 용천 구재판소 서기로, 재판소 서기 구교주具教冑·야촌열수野村列樹를 목포 구재판소 서기로, 재판소 서기 강기융崎崎隆을 수원 구재판소 서기로, 재판소 서기 좌등자공佐藤自共·강원정일江原貞一을 원산 구재판소 서기로, 재판소 서기 세천경차랑笹川慶次郎·흑암각일黑巖覺一을 경성 공소원 서기로, (중략)전선사 장선(典膳司掌膳) 박홍석朴弘錫을 장례원 전사(掌禮院典祀)로, 6품 안순환安淳煥을 전선사 장선으로, 박성흠朴聖欽을 부 주사府主事로 임명하고 (후략)

참 서글픈 인사 발표다. 1908년 12월. 망국이 불과 1년 8개월 남았다. 안순환은 승승장구한다. 6품이 된 지 3년 만에 전선사의 장선이 된다. '고종의 밥상을 책임지고'라는 부분도 명백하게 틀렸다. 안순환은 이때 처음으로 전선사 장선이 된다. 고종은 한해 전인 1907년 강제 퇴위 당했

다. 고종의 퇴위 때 궁중을 나왔다? 엉터리다. 소설 수준이다. 안순환은 고종 퇴위 1년 뒤에도 궁중에 남아서 전선사 장선이 된다.

인사 발표 군데군데 일본인 이름이 보인다. 긴 내용을 굳이 인용한 이유다. 오래 전부터 한국인들의 재판까지도 일본인들이 맡았다. 나라는 이미 망했다. 망국의 나라에서 승승장구하는 '한식 계승자'? 우습지 않은가? 그런 사람이 한 해 전 고종황제의 밥상을 챙겨주었다? 도대체 무슨 이야긴지 이해하기도 힘들다.

순종 2년(1908년) 12월 30일(양력 1월 21일 목요일) 맑음
제목: 서쪽 순시 때 이재각 등을 호종원으로, 한창수 등을 이완용 등의 수행원으로 명하였다
— 의양군義陽君 이재각李載覺, (중략)내장원 이사 권천신蜷川新·권등사랑개權藤四郎介, 승녕부 전의 홍철보洪哲普, 대한의원 의관 겸 전의 영목겸지조鈴木謙之助, (중략)전선사 장선 안순환安淳煥, 시종원 시종보 이우진李宇振·김병목金炳穆, 궁내부 대신 관방 사무 촉탁 좌백달佐伯達, 내각 총리대신 이완용李完用, 내부 대신 송병준宋秉畯(중략)대한의원 기사 겸 약제관 아도고리兒島高里, 탁지부 서기관 구방직개久芳直介, 한성고등학교 교수 여규형呂圭亨 등에게 서쪽 순시 때 호종할 것을 명하였다.

순종은 껍데기 황제다. 가끔 뻗대는 고종 대신에 일본이 세운 황제다. 허수아비 정도가 아니라 일본의 구관절 인형이다. 말을 잘 듣는다. 그런

순종이 1908년 12월 30일(음력) 궁궐 서쪽을 순시한다. 총리대신 이완용과 동급의 친일파 내부대신 송병준이 황제의 뒤를 따른다. 여기에도 여러 일본인들과 더불어 '전선사 장선 안순환'의 이름이 나타난다. 연도마저 뒤죽박죽 엉망으로 기술한 사람들이 "고종 치하에서 대령숙수를 하다가 고종 퇴위 시 궁궐에서 실직한 후 1909년 우리 음식을 지키는 '명월관'을 열었다"고 말한다. 엉터리다.

1908년, 안순환은 친일 매국노, 일본인들과 더불어 껍질만 남은 나라, 껍데기 황제의 순시를 뒤따른다.

순종 3년(1909년) 1월 18일(양력 2월 8일 월요일) 맑음

제목: 김동완 등에 대한 인사를 행하였다

— 내부 대신 비서관 백상규白象圭, 전선사 장선 안순환安淳煥을 황태자 전하에게 문안하러 일본으로 가는 내부대신 송병준의 수행원으로 명하였다.

宮內府大臣秘書官金東完, 宮內府大臣秘書官兼書記官多田桓, 掌禮院禮式官高義誠, 軍部人事恩賞課長陸軍步兵副領閔用基, 宮內府大臣閔丙奭, 特派日本國時隨員을 命홈。內部大臣秘書官白象圭, 典膳司掌膳安淳煥, 皇太子殿下게 問候로 內部大臣宋秉畯, 前往日本國時隨員을 命홈。郡主事朴寅哲依願免本官。六品李命九任郡主事, 郡主事李命九命稷山郡在勤, 郡主事尹在衡命會寧郡在勤。郡主事許崧依願免本官。

전선산 장선 안순환을 황태자 전하께 문안 인사 보낸다는 내용이다. 내부대신 송병준의 수행원이다. 송병준은 창씨 개명 제1호다. 이완용 급의 친일파 매국노다. 매국노 송병준과 '황태자 전하께 문안인사를 간' 사람이 한식을 계승했다?

이러고도 '한식을 후대에 전한 궁궐 대령숙수' 타령인가? 이때 일본의 '황태자'는 나중에 다이쇼 일왕이 되는(1912년) 요시히토(1879~1926년)다. 메이지 일왕 시절이다. 안순환은 친일파 매국노 송병준의 수행원으로 '황태자 전하에게 문안 인사'를 간다.

안순환은 망한 나라의 매국노들에게 빌붙어 바깥에서는 궁중 이름을 판 술집을 운영하고 궁궐에서는 적당한 직함을 지니고 갖은 악행을 저지른 간악한 투잡족일 뿐이었다.

순종 4년 경술(1910년) 7월 15일(양력 8월 19일 금요일) 맑음
제목: 박제빈 등을 승서하고, 흥친왕 책봉 일자를 9월 3일로 정하였다
— (전략)전선사 장선典膳司掌膳 안순환安淳煥(중략)은 정3품으로 승서하였고, (중략)흥친왕 책봉 의식興親王冊封儀式 일자를 9월 3일로 정하였다.

……故承旨丁若鏞贈吏曹參議, 安敏學贈祭酒, 俞莘煥贈副提學, 朴文一, 故寺正成運, 故持平蘇輝冕, 贈持平徐起, 故縣監

成悌元, 故縣監鄭磏, 故監役金平默, 故進士高淳, 特贈正二品
奎章閣提學, 承寧府副總管朴齊斌修學院長閔商鎬, 皇后宮大
夫尹寅善, 東宮大夫高義敬, 陞正二品, ……典膳司掌膳安淳
煥 侍從院侍從李聖默, 修學院敎官尹敦求, 掌禮院禮式官高
義東, 掌禮院典祀劉海鍾, 陸軍副領全永憲, 侍從武官康弼祐,
侍從武官李秉規, 陸軍參領朴斗榮, 陞正三品 , 侍從院典醫洪
在皡, 侍從院製藥師徐廷鎬, 承寧府侍從金德鎭, 修學院敎官
金演培·尹始鏞, 侍從院侍從補洪寅植, 侍從院事務囑託李恩
雨, 內藏院事務囑託安必中·姜聲國, 侍從武官金亨燮, 陸軍正
尉李基鈺·白昌基·金敎先·權承祿, 陸軍軍醫金明植, 陸軍副尉
高永均·張錫悌·朴東元·李珏·鄭雲鴻·李鍾聲, 陸軍軍司具滋
承, 陸軍參尉李根默·金永珏·鄭殷鎔·車萬載·金昇元·李秉喬·
具鶴書, 陸軍獸醫李赫, 陞六品。

안순환은 1910년 8월 19일(양력), 꿈에 그리던 정3품이 된다. 국치일인
1910년 8월 29일을 불과 열흘 앞두고 있다. 당상관堂上官은 고위직이다.
다산 정약용의 벼슬살이 끝이 동부승지, 정3품 당상관이었다. 고종이 퇴
위하시던 날, 밥상머리에서 울었다는 '대령숙수 안순환'은 도대체 누구
일까?

이때 안순환은 명월관을 팔아 넘겼다. 다른 술집을 열었고 장사가 잘
되고 있을 때였다. 사회적으로 이름도 얻었다. 왜 실익도 없는 벼슬에 매
달렸을까? 콤플렉스 때문이었을 것이다.

노년에 안순환은 자신이 고려시대 향교를 처음 연 안향의 후손임을 여러 차례 드러낸다. 향교를 새로 짓거나 유학 관련 단체의 설립, 운영에 참여한다. 관립영어학교에 잠깐 다닌 것이 안순환의 학력 모두다. 그마저 기간도 불분명하다. 서당을 다녔다는 기록은 믿기 어렵다. 10살 언저리에 부모와 양어머니(?)까지 모두 세상을 떠났다. 혼란의 19세기 말에 피붙이 하나 없는 고아가 서당을 다녔다는 것도 의심스럽다.

이날의 기사에는 참 서글픈 이야기도 있다. '흥친왕 책봉의식을 9월 3일 하겠다'는 부분이다. 망국은 8월 29일이다. 흥친왕은 완흥군 이재면(1845~1912년)이다. 대원군의 장남이자 고종의 친형이다. 망한 나라의 왕 노릇을 하겠다고 여러 번 시도했다. 죽기 2년 전에 조카인 황제 아래 왕을 하겠다고 나선 인물이다.

'대령숙수待令熟手'라는 직책은 없다. 안순환은 한 번도 직접 음식을 만든 적이 없다. 왜 안순환에게 정체불명의 명칭을 부여했을까? 대령숙수는 무협지에나 나올 표현이다. 여기에 "부러진 칼을 전해주었다"는 이야기까지 더해지면 그야말로 판타지 무협소설이다.

강제 해고되었다? 아니었다. 그는 나라가 망할 때까지 승승장구하면서 벼슬아치 노릇을 했다. 무너지는 왕조에 끝까지 빌붙어 있었다. 그가 빌붙어 있던 나라는 일본이 통치하는 나라였다. 그가 잠깐 궁중 벼슬아치를 그만둔 것은 술집 명월관을 오픈할 때였다. 아무리 친일파가 뒷배를 봐주는 안순환이라도 궁중에 출근하면서 술집을 열기는 쉽지 않았을 것이다. 강제 해고당한 대령숙수 안순환? 가슴이 답답하다.

'궁중'이란 이름으로 팔아먹다

•

오늘날 궁중요리, 한식의 '호화로운 밥상'의 뿌리는 안순환의 '명월관'에서 시작되었다. 100여 년 동안 비틀어진 것을 우리는 제대로 바로 잡지 못했다. 아무도 관심이 없었다. 간악한 시중 잡배를 '궁중에서 임금님 밥상을 책임진 한식 전승 조리사'로 떠받들었다. 존재하지도 않은 '궁중료리'의 전수자로 모셨다. 한식이 안순환을 통해서 전래되었다고 부끄럼 없이 말했다. 그걸 물려받아 '궁중' 이름을 달고 음식을 팔아먹었다.

안순환이 그린 술상은 일상적인 왕의 음식이 아니었다. 《진찬의궤進饌儀軌》, 《진연의궤進宴儀軌》에 나타나는 음식을 왕의 음식이라고 과장했다. 《진연의궤》는 국가나 왕실의 행사를 기록한 내용이다. 외국 사신 접대, 책봉식, 혼사, 생일, 환갑, 진갑 등 왕실의 행사, 국가 대행사 등의 내용을 꼼꼼히 기록했다. 《진찬의궤》는 음식 부문에 대한 기록이다. 어떤 식재료를 얼마나 준비하고 사용했는지 꼼꼼히 기록했다. 음식 종류는 기술했지만 '레시피'는 없다. 이 책들 속의 음식은 왕이나 궁중의 음식이 아니라 국가의 음식이다. 국가적 행사가 있을 때 내놓았던 음식이다.

북한의 김정은 위원장이 남북정상회담 때 호화로운 밥상을 내놓았다고 그게 곧 북한 음식이나 위원장의 밥상이 되는 것은 아니다. 우리 측도 마찬가지다. 문재인 대통령이 김정은 위원장을 접대한 밥상을 아무도 대통령의 한식 밥상이라거나 청와대 밥상이라고 부르지 않는다. 행사에 의전으로 나온 음식과 일상의 음식은 다르다.

안순환은 조선과 조선궁중의 행사 음식을 술집의 안주로 내놓았다. 그리고 '왕의 밥상, 왕의 술상'이라고 불렀다. "백성은 굶주림에 허덕이는데 왕이란 자는 호의호식했다"는 표현은 이때부터 나온다.

왕의 밥상이 특별하지는 않았다. 국가 기강이 무너진 조선 후기, 부호들이나 고관대작의 밥상이 왕의 밥상보다 더 화려했다.

술집 운영자의 사기

•

안순환은 고종 치세 초기(1871년)에 태어났고 가난한 어린 시절을 거쳤다. 두 살 때 어머니를 잃는다. 가난했던 아버지는 안순환을 남의 집에 수양아들로 보낸다. 9살 때 친아버지도 세상을 떠난다. 10살, 수양어머니도 세상을 떠난다. 안순환은 다시 생가 친형의 집으로 돌아온다. 형의 집 역시 찢어지게 가난하니 결국 직업 없는 왈패가 될 수밖에 없었다. "하루도 주먹싸움을 하지 않으면 잠이 오지 않는다"는 왈패 생활은 20대 초반까지 이어진다.

당시 신문 칼럼 등을 보면, 23세 무렵 대단한 부를 거머쥐었으나 갑오농민전쟁 무렵에 그 돈을 다 잃어버린다. 이때 '공부를 하자'고 결심한다. 25세 되던 해, 관립영어학교에 입학한다. 1896년 무렵이다.

안순환은 관립영어학교에 입학한 뒤 4년 만에 궁내부 전환국 기수가 된다. 4년 내내 영어학교에서 공부를 했는지도 불확실하다. "그 이전에 전환국 건축기사로 일했다"는 주장도 있지만 공식 기록인《승정원일기》에는 없다.

안순환은 약 10년간 '투잡족'이었다. 일본인들이 주인 노릇을 하는 궁중에서 일하면서 한편으로는 바깥에 호화 술집을 세우고 운영했다. 무너진 국가다. 아무런 힘도 없다. 안순환은 궁중에서 일하면서 일본인들과 야합하여 일본인들, 넋 빠진 조선인들이 흥청망청노는 술집을 만든 것이다. 사교클럽이자 술집이었다. 밥집, 음식점은 아니었다.

'전선사典選司'는 궁중의 연회와 음식 등을 관리하는 관청이다. 조선시대 내내 궁궐의 음식, 숙수를 관리했던 사옹원의 역할을 했다. 최고 책임자는 제조提調이며 주임관으로 '부제조'와 '장'이 있었다. 조선 궁중의 온갖 살림살이는 대부분 기술직, 잡급직들이 해냈다. 사옹원도 마찬가지. 모든 부서의 최고 우두머리는 고위직 관리들이었다. 이들을 '제조'라 불렀다. 제조들을 통괄하는 이는 '도제조'라 불렀다. 영의정 등 삼정승도 제조, 도제조를 겸임했다. 조선은 유교 국가다. 문신이 앞선다. 기술직, 잡급직이 많은 부서라도 최고 책임자, 관리책임자는 제조 즉 유학을 익힌 문신들이 맡았다.

순종 2년(1908, 융희2년) 12월 30일(양력 1월 21일 목요일)의 기사에 '전선사장 김각현金珏鉉'이란 표현이 나타난다. 전선사의 최고 책임자는 제조이며 실무를 진행하는 우두머리는 전선사장典膳司長이었다. 이 기사 뒷부분에 '전선사 장선 안순환'이란 이름이 나타난다. 안순환이 '전선사장'이라는 표현도 오해가 있다. 책임자가 아니라 제조提調, 사장司長에 이어 '장선掌膳'의 직책이었다. 제조, 부제조 등은 고위 관료들이 겸임했다. '관리자'쯤 된다. 일상적인 책임자는 '전선사장'이다.

화폐 만들던 곳에서 관리직을 했던 사람이 불과 몇 년 사이 음식을 만들었을 리 없다. 게다가 장선이란 직책은 행정직이다. 그는 숙수熟手도 대령숙수待令熟手도 아니었다. 필자도 이전에 '안순환은 요리사 출신'이라고 표기한 적이 있는데 틀린 내용이다. 기록을 살펴보면 그는 일본, 친일 세력과 야합한 난세의 모리배, 술집 주인, 경영자일 뿐이다.

안순환의 명월관 설립 시기는 1903년 혹은 1909년, 두 가지로 나타나는데, 1903년이 맞다. 1983년 4월 6일과 4월 8일의 매일경제 칼럼에는 '구한국 광무 7년(1903년)에 안순환이 명월관을 설립하였다'고 못박고 있다.(기상괴상奇商怪商, 필자 묘민苗民 임호연林豪淵) 여러 자료를 살펴보면 이 기록이 미덥다. 무려 7년 이상 안순환은 '투잡족'으로 궁중 관리, 고급 요정 명월관의 경영자로 일한 것이다.

안순환이 만들었다는 명월관은 어떤 성격이었을까? 안순환의 동업자는 당대 최고의 친일파 '일진회장 송병준'이다. 조선궁중은 겉으로만 조선, 대한제국이었지 이미 일본인들이 좌지우지하고 있을 때다. 친일파 안순환과 송병준의 동업은 당연한 일이었던 것이다.

안순환은 명월관 외에도 '태화관, 식도원' 등을 만들거나 주주로 출자했다. 1920~1930년대 신문에 안순환의 이름은 여러 번 등장한다. 순종의 장례식이 진행되는 동안 다른 곳은 다 문을 닫았으나 안순환의 식도원만 문을 열었다. 고종이 승하하셨을 때도 식도원만 문을 열었다. 민간의 원성이 높았다고 기사는 전한다.

안순환이 조선음식, 조선의 궁중음식을 알았을 리도 없다. 애정도 없었다. 그는 술집 명월관을 통하여 조선궁중음식이라고 이름 붙인 요리상의 안주들을 팔았다. 조선이 무너지니 제도도 무너지고 기생들도 바깥에서 '알바'를 했을 것이다. 신분제도는 이미 오래 전에 무너졌다. 조선 시대에는 없었던 권번券番 제도도 생겼다. 권번은 일제 강점기에 뿌리내린 기생노동조합이다. 명월관은 술안주를 기생들의 웃음과 더불어 비싸게 팔았다. 명월관, 식도원, 조선요릿집 등이 모두 식당이 아니라 기생들이 나오는 화려한 술집이었다. 술상은, 이름만 조선궁중료리였지 일본, 서양, 청국 풍의 갖가지 천박한 음식을 뒤섞어서 화려하게 내놓았다. 외국 양주와 담배까지 팔았으니 완벽한 술집이다.

음식과 술안주는 다르다. 오늘날 우리가 저녁마다 밥집이 아니라 술집을 기웃거리고 일본인들에게 배운 알량한 '희석식 소주'를 마시는 게 이미 이때 시작된 것이다. 술집의 안주는 비싸다. 최고급 식재료를 사용하는 것으로 스토리텔링을 완성한다. 술안주가 되려면 맛이 강해야 한다. 인공조미료든 천연 조미료든 강력한 것을 사용해야 한다. 술과 대적하여 겨룰 음식은 조미료를 강하게 넣은, 매운 것뿐이다. 우리는 지금 안순환에게서 배운 대로 먹고 마신다. 화학약품을 뒤섞은 짝퉁을 '국민의 술'로 부르며 "서민의 애환을 달래준다"고 말한다. 그리고 조미료가 가득한 요리들을 진안주라고 부르며 짝퉁 희석식 소주를 퍼붓는다.

코미디가 하나 더 있다. 명월관이 고급 요릿집의 시작도 아니다. 백번 양보하여 고급 요릿집들을 통해 한식이 이어졌다 하더라도 명월관이 시작은 아니다. 20년 전에 이미 수월루水月樓라는 고급 요릿집이 있었다. 1899년 수월루에서 대한제국의 정신 빠진 고관대작들, 저자거리 거상들과 중국 청나라 상인들이 어울려 '고종 탄신 기념 파티'를 열었다는 기록도 있다. 이때 이미 기생이 등장한다. 기생 1인에 준 화대花代가 4원으로, 쌀 2섬 반값이다. 돼지 한 마리 값은 4원 8전. 나라는 기울고 있고 굶는 이가 지천인데 이른바 상류, 기득권층들은 이런 짓거리를 했다.

우리는 이 천박한 요릿집 음식을 한식의 시작으로 보고 있는 것이다. 그리고 한식은 낭비가 심한 밥상이라고 욕한다. "백성들은 굶고 있는데 왕은 호의호식했다"고 말한다. 모두 일제 강점기 일본인들이 가르친 내용들이다.

술안주가 우리 밥반찬이 되어버렸다

·

19세기 말이다. 임오군란(1882년), 청일전쟁(1894년)을 거치며 조선반도에는 일본과 청나라의 음식들이 대거 쏟아져 들어왔다. 강화도조약(1876년) 이후에 이미 인천-한양을 잇는 도로변, 경인가도京仁街道에 일본 기생들이 일하는 술집이 들어섰다. 상민常民이나 하층민들은 당장 끼니거리가 문제였을 터이니 청과 일본의 음식은 주로 궁중, 권세가, 부유한 계층, 친일파 등을 통하여 유행했을 것이다.

임오군란과 청일전쟁 시기에 인천에 중화요리가 등장했고 오늘날 짜장면의 원형도 이 무렵 인천에 상륙했다. 청나라와 일본의 음식이 새롭고 좋다는 분위기였다. 국력이 앞서면 문화도 앞선 것으로 착각한다. 음식도 마찬가지다. 오늘날 우리가 정크 푸드인 햄버거와 피자 등을 미국 것이기 때문에 선호하는 것과 마찬가지다.

'안순환의 명월관 술상'은 이미 청, 일본의 음식이 무분별하게 뒤섞인 것이다. 존재하지도 않는 '왕의 밥상'에 일제 강점기 청나라와 일본의 음식들을 새롭게 더한 것이었다. 이 요리상이 해방된 한반도에 그대로 전해졌다. 이 밥상이 바로 오늘날의 한식, 한정식 밥상이다.

당시의 신문에 명월관 광고가 실리기도 하고, 지방 부호들이 명월관에 놀러 왔다가 살림살이가 거덜 났다는 말이 돌 정도로 명월관은 당시 잇 플레이스이자 핫 플레이스였다.

'한식은 일제 강점기의 기생집, 요릿집 음식을 통하여 전승되었다'는 표현은 상당부분 정확하다. 기생집, 요릿집 음식이 해방 후에 '요정料亭' 음식으로 이어졌다.

네이버 지식백과에 있는 '요정' 설명 중 한 구절이다. 물론 요정ryotei은 일본 문화이고 일본어 표현이다.

> 1983년 말 현재 우리나라의 요정 수는 총 878개로 파악되고 있다. 그러나 최근에 이르러서는 요정은 예전 기능을 점차 상실하여 기생도 없어지고, 대부분이 전통음식점으로 변하였다. 1970년대 대표적인 요정이었던 대원각, 삼청각도 1990년대 말에 이르러 폐쇄되었다.

일제 강점기 '조선궁중료리' 집들이 해방 후 요정으로 이어지고, 이게 관광음식점으로 그리고 전통음식점, 한정식 집으로 이어진다는 표현이다. 관광음식점의 주요 대상은 누구였을까? 일본인들이다. 한때 사회 문제가 되었던 '기생관광'의 코스 중 하나가 바로 이런 관광음식점, 전통음식점이었다. 여전히 기생들과 더불어 '조선궁중료리'를 내놓았다. 해방 이후라고 하지만, 일제 강점기의 안순환과 뭐가 다른가?

술집 호화로운 안주는 모양을 바꾸며 우리 밥상의 밥반찬으로 이어졌다. 오늘날 우리가 술안주와 밥반찬을 구별하지 못하고 여전히 술안주를 반찬 삼아 밥을 먹고 있는 이유다.

요릿집 술안주와 밥반찬의 결정적인 다른 점은 바로 재료의 진귀함과 음식의 강한 향과 맛이다. 술안주는 비싸다. 자주 찾는 것도 아니다. 진귀한 재료로 진귀한 음식을 만들어 비싸게 팔아야 한다. 귀한 재료만 찾는다. 일식日食의 길이다. 특정 지역 산물의 특정재료가 없으면 음식을 만들지 못하는 식이다.

한식은 모든 재료를 다 귀하게 사용한다. 소, 돼지, 닭 등 고기도 머리부터 꼬리까지 모두 사용한다. 일식요리들, 일본 음식들은 진귀한 재료를 먼저 내세운다. 계절별 진미를 내세우는 것도 결국 일식의 길이다. 세계적으로 유명한 식도락 국가인 중국과 프랑스도 일식만큼 요란하게 계절별 음식을 내세우지 않는다.

술은 강한 맛이다. 술맛은 밥맛을 훌쩍 뛰어넘는다. 밥과 어울리는 밥반찬은 순하다. 술안주는 강한 맛인 술과 어울려야 한다. 강한 술맛을 넘어서야 한다. 알코올, 조미료, 감미료를 섞은 희석식 소주는 강한 맛을 지닌 안주가 필요하다. 조미료, 감미료 가득한 찌개류나 달고, 맵고, 짠 안주가 필요하다. '단짠'이 아니라 '단짠맵'이 필수적이다. 비싼 술값을 받으려면 진귀한 재료와 스토리텔링도 필요하다. '궁중'을 내건 이유다.

일제 강점기 초기부터 '조선료리'를 내세운 숱한 술집에서 '조선' '궁중'

을 내걸고 술안주를 팔았다. 기생이 앉고 악공이 연주하는 술집이다. 밥 값으로는 운영이 불가능하다. 술값을 제대로 받으려면 진귀한 재료로 만든 안주가 필수적이다. 비싼 술값을 위해 조선과 궁중을 내걸고 이걸 팔았다. '조선궁중료리'가 천박하다고 말하는 이유다.

이 술안주가 한 번도 정리되지 않고 '한식'으로 고스란히 전해졌다.

나라가 무너지고 사회가 무너지면서 한식은 길을 잃었다. 일본, 청나라, 서구의 음식들이 무분별하게 한식에 스며들었다. 천박하기 이를 데 없는 일본식 기생 문화도 받아들였다.

한식은 냉이 한 뿌리도 허술하게 여기지 않는다. 냉이 잎과 뿌리의 맛을 가르지 않는다. 순위를 매기지도 않는다. 뿌리에는 뿌리의 맛, 잎에는 잎의 맛이 있다. 각 부위에 맞는 자연스러운 조리법이 있다.

안순환은 1942년에 죽었다. 죽는 순간까지 그는 '조선궁중료리'를 팔아먹었다. 신문에 칼럼을 쓰고 이런저런 행사, 기부 등에 이름을 올렸다. 저명한 사회 명사 노릇을 했다.

명월관이나 그가 나중에 운영한 요릿집에서 '전승'한 것이 바로 궁중신선로, 궁중잡채 따위다. 조선궁중료리라는 이름을 붙여 버젓이 내놓고 잘 나가는 술집 주인 노릇을 했다.

그 주방에서 일했던 사람들이 술집의 천박한 요리, 주안상의 술안주를 조선 음식, 한식으로 전승했다. 그리고 그들 중 상당수가 해방 한국의 음식점 주방에서 한식을 만들고 또 후배를 길렀다. 그 후배들이 지금 열심히 '궁중에서 임금님이 먹었던 음식 신선로' '임금님의 궁중잡채' 따위를 팔고 있다.

신선로는 우리 궁중의 것이 아니다

신선로 그릇은 태국, 싱가폴 등의 동남아 길거리 포장마차에서 쉽게 볼 수 있다. 태국식 국물 요리인 똠얌꿍tom yam kung을 담는 그릇도 신선로다. 동남아에서는 대중적으로 널리 쓰인다. '스팀보트'라고 부른다. 그걸 우리 정통, 전통, 궁중이라고 포장했다. 많은 돈을 받기 위해서.

한반도 조선의 왕들은 한낱 길거리 포장마차에서 사용하는 그릇으로 음식을 먹은 셈이다. 이게 '궁중신선로'의 끝이다. 허망하지 않은가?

동남아의 신선로, 중국 문화가 바로 그 나라로 간 것인지 혹은 중국 화교들이 현지에 퍼뜨린 것인지는 알 수 없다. 어떤 경로로 갔든 신선로는 보편적이고 대중적인 그릇이다. 청맹과니들이 '이건 우리 임금님이 드시던 음식, 그릇이야'라고 강변할 뿐이다. 그저 돈 몇 푼 벌려고 조선과 조선 왕실을 팔아먹은 안순환의 짓과 다를 바 없다. 이러고도 한식 세계화의 앞줄에 신선로를 버젓이 내걸 것인가?

중국에서 건너온 도구, 가난한 선비도 갖고 있었다

．

신선로는 음식을 담거나 끓이는 그릇이 아니었다. 시작은 차를 끓이거나 술을 덥히는 그릇이었다. 시기도 많이 앞선다. 우리만의 것도 아니었다. 오히려 중국, 일본 등에서 널리 사용되었다. 조선 궁중에서 시작된 것도 아니었다. 궁중에서만 사용한 것도 아니었다. 신선로는 오히려 민간에서 널리 사용되었다.

조선 전기의 청백리 눌재 박상(訥齋 朴祥, 1474~1530년)의《눌재집》칠언율시 '제육봉편'에 이미 신선로가 나온다. 눌재는 '신선로의 술이 맑은 가을의 서늘함을 잊게 한다'고 했다. 신선로의 따뜻한 술을 마시면 가을의 서늘함은 잊을 수 있다는 뜻이다. 신선로는 술을 담고 덥히는 그릇이었다.

이 시는 같은 시대 문신 유정 장옥(柳亭 張玉, 1493년~?, 호는 자강子剛)의 시에서 운을 빌렸다. 눌재는 시의 끝부분에 '자강은 신선로를 가지고 다녔

원래 신선로는 음식을 위한 그릇이 아니었다. 술과 차를 끓이고 덥히는 그릇이었다.

다. (신선로로)술을 덥혔다'고 적었다. 눌재와 유정은 성종-중종 대를 살았던 사람들이다. 15, 16세기, 조선 전기다. 조선 말기와 4백 년쯤 차이가 난다. 임진왜란 훨씬 전에 이미 민간에 신선로가 있었던 것이다. 신선로는 청백리들도 가지고 다니며 사용했을 정도로, 별다른 설명이 필요치 않을 정도로 흔한 물건이었다. 이게 왜 느닷없이 '궁중' 이름을 달고 쓸모 없는 찌개 그릇이 된 것인지 궁금하다.

조선 초기 문신 장음정 나정원(長吟亭 羅正源, 1498~1546년)은 을사사화 때 안타깝게 사사되었다. 장음정은 "깊은 밤 귀한 손님이 찾아왔다. 창에는 하얀 달빛이 가득하다. 밤을 지새워도 이 즐거움은 이어지리라, 신선로神仙爐가 있으니."라고 노래했다. 장음정의 문집《장음정유고》의 시 '여우음화與友飮話'에 나오는 내용이다. 여우음화는 벗과 더불어 술 마시며 이야기를 나눈다는 뜻이다. 여기에 등장하는 신선로도 음식이나 안주가 아니다. 술을 담고 끓이는 도구다.

지금 신선로는 고기, 생선, 각종 채소 등을 넣고 끓인 '음식' 혹은 술안주지만 출발은 다르다. 신선로는, 간편하고 휴대하기 좋은 주방 기구였다. 조선의 선비들은 여행길에도 신선로를 가지고 가고, 가난한 방에도 신선로를 두었다. 장음정이 직접 썼는지 혹은 추후 누가 적어 넣었는지는 확실치 않지만, 이 시의 끝에는 '(신선로는)술을 덥히는 새로운 모양의 기구로 중국에서 건너왔다'고 명확하게 적혀 있다.

술 덥히는 휴대용 도구라니, 술꾼들이라면 부러워할 만하다. 장음정의 벼슬은 종9품, 참봉이었다(선릉참봉). 말단 벼슬이다. 가난한 말단 벼슬아치도 중국에서 들어온 술 덥히는 도구, 신선로를 가지고 있었다. 자체 제작품인지 중국 수입품인지는 알 수 없다.

신선로는 우리 고유, 전통의 것도 아니고 중국에서 들어온 그릇 이름이었다.

향촌에서도 신선로를 술 덥히는 도구로 사용했다. 임진왜란 의병장이었던 감곡 이여빈(鑑谷 李汝馪, 1556~1631년)은 짧은 벼슬살이를 거치고 경상좌도 영주로 낙향, 후학을 기르는 선비로 여생을 보냈다.

"짚방석 위에 대충 자리하니, 먼저 아전이 가지고 온 술을 꺼낸다. 신선로로 술을 데우고 말린 산닭을 갈라서 먹고 마신다"고 했다(《취사문집》). 이여빈은 무척 가난했다. 기록에 "나물과 밥으로 끼니를 잇기도 힘들었다. 보다 못한 주변 사람들이 향교의 관리자로 천거했다"고 적혀 있을 정도였다. 향교 관리자가 되면 얼마간의 식량은 받을 수 있다. 감곡이 시를 지은 시기는 광해군 10년(1618년) 2월 상순이다. 장소는 경상좌도 안동. 17세기 초반, 신선로는 가난한 시골 선비가 술을 덥히는데 사용한 소박한 도구였다. 끼니를 잇기 어려운 감곡이 사용할 정도면 신선로는 술 덥히는 도구로 널리 사용되었음을 알 수 있다.

신선로는 차를 끓이기에도 좋은 도구였다.

최역(崔櫟, 1522~1550년, 자, 대수大樹)은 가난한 선비였다. 벼슬살이도 없었다. 겨우 스물아홉 살에 죽었다. 활동을 하지 못하고 일찍 세상을 떠났으니 《국조인물고》에 실린 묘갈명墓碣銘(이산해가 썼다)이 그에 대한 기록 대부분이다. 묘갈명에는 최역이 "거처하는 방 좌우에 항상 책을 진열해놓고 신선로에 술과 차를 끓여서 즐겼다(一室左右圖書置 神仙爐甕酒茶燕, 일실 좌우도서치 신선로자주차연)"이라고 기록했다. 요즘과 달리 옛날에는 차를 끓이거나 술을 덥히는 일이 번거로웠다. 늦은 밤, 가난한 선비가 차와 술을 위해 불을 피우기는 불편했을 것이다. 그런데 신선로는 차를 끓이거나 술을 덥히기 편한 도구다. 지금으로 치자면 차를 끓이거나 술을 덥히는, 두 가지 일이 모두 가능한 하이브리드hybrid 도구였던 셈이다.

광해군 9년(1617년), 석문 이경직(石門 李景稷, 1577~1640년)은 조선사신단(회답사) 종사관으로 일본에 간다. 전쟁이 끝난 지 20년이 채 되지 않았다. 임진왜란의 상처도 전혀 아물지 않았다. 일본에 대한 감정이 좋을 리 없다. 군데군데 맺힌 마음들이 드러난다. 돌아오는 길, 일본에서 사신단과 동행했던 대마도 관리 다치바나 토모마사(橘智正, 귤지정)가 사신에게 선물을 건넨다. 석문이 남긴 《부상록》의 내용이다.

"조총 각 2자루, 신선로 각 2벌, 손거울 각 2개를 세 사신에게 보내왔는데, 모두 굳이 사양해서 물리쳤다."

사신단이 선물을 물리치자 다치바나는 "대단치 않은 물건으로 작은 정성을 표시했는데, 물리치니 부끄러움을 견디지 못하겠습니다"라고 말한다.

17세기 초반, 일본에서는 신선로 그릇이 선물용으로도 사용되었다. 일본에서 널리 사용되었고 한편으로는 '사신단에 작은 정성을 표하는' 물건 정도였다.

사신단에 건네는 선물 정도로 귀했던 신선로는 불과 100년 후 길거리에서도 흔하게 볼 수 있는 물건으로 바뀐다.

조선 중기 문신 청천 신유한(青泉 申維翰, 1681~1752년)은 조선통신사 일행으로 일본에 간다. 《해유록(海槎東遊錄, 해사동유록)》에는 숙종 45년(1719년) 9월 무렵, 일본 교토(京都, 경도) 길거리 풍경이 잘 드러나 있다.

> "가게에서 차를 파는 여인들은 옥 같은 얼굴에 까마귀 같은 귀
> 밑을 하였고 신선로를 안고 앉아 차를 달여 놓고 기다리는 모습
> 이 완연히 그림 속의 사람 같았다(列肆茶姬. 玉面. 鴉鬢. 手按神仙爐
> 煎茶以待者. 宛似畫中人)."

옥 같은 얼굴에 까마귀 같은 귀밑의 여인들? 지금도 쉽게 볼 수 있는 가부키 배우의 모습이다. 이런 여자들이 신선로 그릇에 차를 끓이고 손님을 기다리고 있었다. 리얼하지 않은가? 일본에서는 이미 신선로 그릇을 길거리 가게에서 차 끓이는데 사용하고 있었다. 그로부터 약 200년 후인 대한제국 시기에 술집 주인 안순환이 '궁중신선로' 그릇을 일본인

들에게 내민 것이다. 고급 안주 그릇으로, 왕이 먹던 음식으로. 안순환 탓할 것도 없다. 우리도 한식세계화와 한정식을 이야기하면서 버젓이 궁중신선로를 내세우고 있지 않은가?

신선 같은 생활을 하다 신선이 된 이의 음식?

·

그 이전에는 '신선로 선물'도 있었다. 신선로 그릇 선물을 받은 이는 충무공 이순신 장군이었다. 《이충무공전서》에는 '(명나라)주 천총수가 술잔 여섯 개, 붉은 종이, 작은 그릇 등과 더불어 찻잎 한 봉지, 신선로 한 개 등을 선물로 주었다'고 적었다. 선물 품목은 일상에서 사용하는 소박한 것들이었다. 찻잎 한 봉지나 붉은 종이 등과 동급의 물건이었을 것이다. 찻잎 한 봉지와 신선로 한 개를 연이어 기술한 것은 아마 차와 신선로가 관련이 있는 물건이 아닌가 하는 추측이 가능하다. 차나 신선로 모두 귀한 것이지만 궁중에서만 사용할 정도의 대단한 물건은 아니었음도 알 수 있다. 더구나 이 선물은 평시의 선물이 아니다. 전쟁터에서 명나라 장수와 조선 측 이순신 장군 사이의 선물이다. 호화로울 것도 진귀한 것도 아니다.

신선로에 얽힌 코미디 같은 이야기도 있다. 연산군 시절 허암 정희량의 신선로다.

허암 정희량(虛庵 鄭希良, 1469년~?)은 조선 전기의 문신이다. 연산군 시절 벼슬에 올랐으나 무오사화로 의주, 김해 등지에서 유배 생활을 거친 후, 1501년에 풀려났다. 그 후 벼슬을 접고 모친상 후 수묘守墓하다가 행방불명되었다.

허암이 깊은 산골에서 신선과 같은 생활을 하다가 신선이 되어서 행방불명되었으며 그가 먹었던 음식이 신선의 음식, 신선로라는 이야기가 인터넷에 떠돈다.

허암의 신선로에는 쇠고기가 들어갈 수 없었다. 소는 개체가 큰 동물이다. 도축하면 개인으로서는 감당치 못할 정도의 고기가 생산된다. 지금 기준으로 셈하면 약 280kg 정도의 고기가 생산된다. 소의 중량을 400kg으로 가정하고 고기 비율을 70%로 산정한 양이다. 당시의 소는 지금보다 작았을 터. 소 무게를 200kg으로 가정해도 고기 양은 140kg이다. 냉장, 냉동 시설이 없던 시절이다. 소는 금육禁肉이다. 도축 자체를 엄격하게 막았다. 세종대왕 시절, 왕실의 종친이 소를 훔쳐서 불법 도축하다가 귀양을 떠났고 결국 객지에서 죽었다. 농경의 도구인 소를 도축하는 일은 대단히 큰일이었다.

깊은 산중에서 신선처럼 살았던 허암이 쇠고기를 구할 수 있는 가능성은 없다. 소를 마치 햄, 소시지처럼 일정량씩 잘라 먹는 것도 불가능하다. 햄이야 적당량 잘라먹으면 된다 치더라도 살아 있는 소를 산중에 세워두고 조금씩 잘라먹을 것인가?

기름 역시 고기처럼 귀했다. 산중에서 생선을 구하는 것도 불가능하다. 허암의 신선로에는 무엇이 들어갔을까? 고기, 생선, 기름을 제외하고 허암이 먹을 수 있는 것은 무엇이었을까? 나물의 잎이나 뿌리, 곡물, 열매 등이다. 이걸 넣고 끓인 것을 신선로라고 한다? 만약 허암의 먹거리를 신선로라고 부른다면 이건 궁중의 음식이 아니라 사찰의 음식이다.

인터넷에 떠도는 이야기 중에는 '허암이 산속에서 여러 가지 산나물 등을 넣고 찌개를 끓여서 먹었다'는 내용도 있다. 만약 나물류를 넣고 국, 찌개 등을 끓여 먹었다면 잡갱雜羹, 잡골갱雜骨羹 등으로 부르는 것이 맞다. 조선 후기 혹은 일제 강점기의 '신선로'에는 각종 고기류와 기름을 사용한 전유어 등이 화려하다. 어차피 초근목피로 연명했을 신선과는 거리가 먼 음식이 되었다. 논리적으로 생각해보자. 허암이 신선로 그릇을 썼다면 음식을 위해서가 아니라 술을 덥히기 위해서였을 것이다. 신선로 그릇에 탕을 끓여먹는 것보다는 술이나 차를 덥히는 것이 차라리 신선답다. 나물국 먹는, 쇠고기 전골 끓여먹는 것보다는 술, 차를 마시는 것이 더 신선답지 않은가?

신선로를 신선神仙이 먹었다고 '神仙爐(신선로)'라고 표기하는 것은 어색하다. '궁중신선로'는 더 우습다. 왕은 현존하는 올바른 통치자가 되어야 한다. 왕이 신선놀음을 하고 있으면 나라가 곤란하다.

궁중잡채는 궁중음식이 아니다

신선로만큼이나 엉터리는 '궁중잡채宮中雜菜'다. 궁중에서 임금님이 드시던 잡채를 복원한 것이라며 궁중잡채를 내놓았다. 우리가 오늘날에 흔히 보는 당면 잡채다. 내용물이 화려하다.

　당면이 들어간 궁중잡채는 완벽한 엉터리다. 당면잡채는, 잡채라 부를 수는 있으나 원형 잡채와는 거리가 멀다. 잡채는 무너진 음식이고, 궁중하고는 아무런 관련이 없다. 장사하는 사람들이 생각 없이 만든 음식이다. 이를 굳이 꼬집는 것은 '궁중당면잡채'가 우리의 아주 좋았던 음식인 진짜 잡채를 완전히 무너뜨렸기 때문이다. 적반하장賊反荷杖. 도둑이 오히려 몽둥이 들고 주인을 내쫓았다.

　잡채雜菜의 원형은 '여러 가지 숙채熟菜 모둠'이다. 숙채는 익힌 채소다. 《음식디미방》을 비롯하여 조선시대 몇몇 서적에 정확한 잡채의 모습이 남아 있다.

광해군 시대, 이충(1568~1619년, 호는 칠택 七澤)은 잡채상서雜菜尙書라고 놀림을 받았다. 임금에게 잡채를 바치고 높은 벼슬을 얻었다는 뜻이다. 당시의 잡채는 약 열 가지 정도의 숙채로 만든 익힌 채소 모둠 쟁반이었다. 《음식디미방》의 음식들을 재현한 경북 영양 두들마을의 《음식디미방》 기념관에 가면 원형 잡채의 모습을 볼 수 있다. 채소 모둠 쟁반 중앙에 찢은 꿩고기가 있다.

장계향의 《음식디미방》 잡채를 재현한 경북 영양 《음식디미방》의 잡채다. 열 가지 이상의 숙채를 모은 숙채모둠이다.

《음식디미방》 잡채를 섞은 모습. 음식을 섞어서 내놓는 것은 한식의 특질 중 하나다.

잡채의 '잡'은 잡스럽다거나 잡동사니 같은 부정적인 이미지가 아니다. 여러 가지, 골고루라는 긍정의 뜻이다. 그래서 '잡채'는 여러 가지 나물을 모았다는 뜻이다. 《음식디미방》에서는 잡채를 설명하면서 '열거한 나물을 꼭 사용하라는 뜻이 아니라 형편 닿는 대로 사용하고 바꿔도 된다'고 열어 두었다. 종류와 양은 잡채 만드는 이의 사정에 따라 하면 된다. 깐깐한 레시피를 들고 나와서 반드시 이런 나물을 쓰고 이렇게 양념하라고 하지 않았다. 잡채는 열린 음식이다.

당면이 들어왔을 때 우리 왕실은 이미 없었다

•

잡채는 궁중과는 아무런 관련이 없다. 신하의 사가私家에서 궁중에 바친 음식을 '궁중음식'이라 부르면 곤란하다. 《음식디미방》은 17세기 후반 경상좌도 영양에서 저술한 것이다. 반가의 조리서에 상세하게 설명한 음식에 궁중이라고 이름 붙이는 것도 우습다. 원형과는 전혀 다른, 당면이 주인인 음식을 궁중음식으로 부르는 것은 죄짓는 일이다.

당면잡채의 당면은 코미디다. 당면唐麵은 일제 강점기에 한반도에 들어왔다. 1920년대 이후다. 그리고 1930년대 이후 널리 사용되었다. 나라는 '공식적으로' 1910년에 빼앗겼다. 나라도 없는데 무슨 궁중인가? 당면이 한반도에 들어왔을 무렵 순종은 이미 창덕궁 이왕昌德宮 李王이 되었다. 허울만 좋았던 황제의 이름마저 버렸다. 1920년대 이후에 들어온 식재료를 1910년에 망한 나라의 누가 먹었다는 것일까? 당면이 유행할 무렵은 조선총독부 시절이다. 당면잡채는 '조선총독부 음식'이다. 이게 왜 궁중음식일까?

당면唐麵은 별맛이 없다. 당면은 공장에서 대량으로 만든 전분면澱粉麵이다. 대부분의 음식, 식재료는 일상에서 만들고, 먹던 것을 공장에서 대량 생산하는 방식으로 진행된다. 당면은 처음부터 공장 대량 생산품이었다.

당면의 '당唐'은 중국이다. 중국인들이 만든 당면을 일본인들이 평안도, 황해도 지방의 공장에서 대량 생산했다. 이 생산 방법을 한국인들도 배웠고 곧 한국의 공장에서도 당면을 대량 생산했다. 평양을 중심으로 냉면, 당면 등이 많이 생산되었다. 진남포에도 공장이 있었다고 전해진다.

당면은 오래 씹으면 희미한 단맛이 난다. 물에 긴 시간 불리면 마치 국수 가락같이 부드러워진다. 당면은 쫄깃하다. 채소 등과 버무려서 볶아도 그 형체가 쉽게 흐물흐물해지지 않는다. 이런 점 때문에 오늘날까지도 많은 가정에서 당면을 사용한다.

일본 간장의 함정에 빠진 잡채

•

당면이 짝퉁 간장과 결합한 이유는 간단하다. 당면은 큰 맛이 없고 짝퉁 간장의 조미료는 맛이 강하기 때문이다.

당면만 먹어보면 별다른 맛이 없다. 이 '맛없는' 부분을 짝퉁 왜간장의 조미료, 감미료가 해결한다. 짝퉁 왜간장은 짜지 않고 달싹하다. 조미료를 듬뿍 넣었으니 조미료의 감칠맛도 풍부하다. 오늘날 잡채의 맛은 채소의 맛도, 당면의 맛도 아니다. 왜간장, '공장 대량 생산 짝퉁 간장'의 맛이다. 한마디로 조미료와 감미료의 맛이다. 우리는 잡채라는 이름으로 조미료, 감미료를 퍼먹고 있다. 그걸 간장 맛, 당면 맛, 채소 맛으로 생각한다.

국왕에게 바치고 벼슬을 얻었던, 대단한 음식 잡채가 이렇게 무너졌다. 나물을 어느 민족보다 더 정교하게 사용하는 한식도 더불어 무너졌다.

제대로 만든 일본 간장은 우리 재래 간장과 흡사하다. 만드는 방법도 비슷하다.

일본은 일찍부터 된장, 간장을 공장에서 대량으로 만들었다. 20세기 초반에 이미 간장, 조미료 공장을 세웠다. 이걸 우리도 그대로 배웠다. 일제 강점기 왜간장 만드는 법을 배우고 해방 후 장류 회사들이 죄다 일본 기술, 일본 기계로 장을 만들었다. 오늘날 한국의 장류 생산 회사들은 대부분의 기술을 일본에서 배웠다. 일본은 '대량 생산 짝퉁 장류'의 종주국이다. 그 종주국에 가서 정교하게 만든 짝퉁 간장을 견학한다. '일본은 간장을 정교하고 다양하게 만든다'고 믿는다. 일본 장류 찬양론자들이 한식을 만진다. 당연히 한국 공장에서 만든 대량 생산 장에 매달린다.

공장에서 간장 등을 만드는 것은 식품 산업이다. 일본은 식품 산업이 발전한 나라다. 음식이 발전한 것은 아니다. 빨리 시작했으니 사시미, 스시를 세계적인 음식으로 만들었을 뿐이다.

잡채와 불고기는 왜간장의 함정에서 빠져나오지 못하고 있다. 불고기 양념에는 반드시 왜간장을 넣어야 색과 맛이 제대로 난다고 말한다. 불행히도 그 불고기의 맛은 고기의 맛이 아니라 간장에 들어간 숱한 조미료와 감미료의 맛이고 빛깔은 착색제와 캐러멜 색소의 때깔이다. 주부들도 "재래 조선간장을 사용하면 색깔과 맛이 나지 않는다"라고 한다. 당연하다. 조선간장, 재래간장은 색깔이 검고 짜다. 검은 색깔을 피하려고 우리는 때깔 곱고 달싹한 맛의 조미료와 감미료 국물에 밥을 비벼먹고 있다. 식용색소는 덤이다. 그리고 그 조미료, 감미료의 맛을 불고기와 잡채의 맛이라 여긴다.

당면잡채는 궁중음식인가? 아니다. 궁중음식은커녕 한식도 아니다. 오늘날 우리가 만나는 궁중의 이름을 뒤집어 쓴 짝퉁 당면잡채는 일제강점기의 잔재다. 그걸 궁중음식이라고 주장하면 죄를 짓는 일이다. 조선과 조선의 궁중은 일제에 의해 무너졌다. 나라가 무너지니 음식도 무너졌다. 무너진 음식 문화의 잔재는 넓고 깊다. 그리고 오랫동안 우리를 지배한다. 아직도 벗어나지 못한 일제의 잔재다.

한희순은 누구인가?

조선궁중료리, 궁중음식에 대해서 이야기하면 늘 등장하는 인물들이 있다. 바로 안순환, 고종, 순종, 윤 비尹妃, 한희순 상궁尚宮이다.

고 한희순 씨를 두고 흔히 '궁중음식을 전승한 기능보유자' 혹은 '한식을 전승한 사람'이라고 말한다. 사라지고 있는 궁중음식과 한식을 우리 시대에 전한 사람이라는 뜻이다. 사실일까? 전혀 아니다.

한희순 씨에 대한 공식적인 기록부터 살펴보자.

한희순 씨의 부고가 실린 1972년 1월 6일 경향신문 기사다. 한희순 씨는 1월 5일 세상을 떠났다.

이조 마지막 주방상궁 한희순 씨 별세

고종, 순종 수랏상 차린 무형문화제

이조 마지막 주방상궁 한희순 씨(무형문화재 38호)가 5일 새벽 서울 성동구 홍익동 자택에서 노환으로 별세했다. 향년 82세. 서울 왕십리 농사짓던 한만의 씨의 맏딸로, 1900년 13세에 입궁, 20세 때부터 고종의 수랏상을 차리는 주방상궁을 맡았다. 이래 순종까지 2대와 윤비까지 모셨던 한상궁은 이조궁중요리의 마지막 기능보유자로 71년 1월 6일 무형문화재로 지정되었다.

윤비 별세 이후 낙선재를 떠나 왕십리 친가로 돌아와 한때는 숙명여대에서 이조궁중음식을 강의하기도 했다.

궁중요리법은 한양대 황혜성 교수에게 전수, 황 교수는 연내로 이조음식사를 편찬할 예정으로 있다.

무형문화재로 지정된 지 만 1년 만에 별세한 한상궁의 장례는 7일 상오 유언대로 화장, 대각사에 안치된다.

다음은 같은 날의 매일경제 부고 기사 중 일부다. 비슷한 내용은 뺐다. 아래 내용은 경향신문 기사와는 조금 다른 내용이다.

궁중요리기능보유자인 한희순 여사는 1900년 9세 때 입궁, 주방상궁, 제조상궁提調尚宮을 지냈으며 지난해 연말 김명길, 박창복, 성옥염 여사가 궁중음식 기능보유자의 자격을 해제당한 후 유일한 궁중요리 기능보유자였다.

미묘하게 다른 부분이 있다. 경향신문의 기사는 '이조궁중음식'이라고 표기했고 매일경제는 '궁중요리'라고 표현했다. '음식'과 '요리'가 헷갈린다. 이때까지도 '요리'와 '음식'에 대한 구별이 제대로 서지 않았다. 술상의 요리와 밥상의 음식이 혼돈을 불러일으킨 것이다.

나이도 약간 다르다. 같은 1900년을 두고 경향신문은 13세, 매일경제는 9세라고 했다. 호적등록도 제대로 되지 않았던 시기라, 단순 착오였을 것이다.

문제는 주방상궁, 제조상궁이다. 주방상궁이라는 직책이 없었고, '제조'는 더욱 터무니없다. 제조, 도제조는 영의정 등 삼정승이 맡았던 최고위 '고문직'이다. 아무리 높아도 내명부 정5품에 불과한 상궁이 맡을 자리가 아니다. 역사에 대한 무지가 아니라 악행이다. '제조'는 영의정 등 삼정승이 맡았던 직책이다. 유학이 깊고 벼슬도 높아야 한다. 제조는 오늘날로 치자면 '고문'이다.

다음은 위키백과의 내용을 교정 수준으로 첨삭한 것이다. 내용을 덧, 빼지는 않았다.

한희순 상궁韓熙順 尙宮(1889~1972년 1월 5일, 84세, 한국 궁중요리 연구가, 前 숙명여자대학교 특임대우교수, 공저서《이조궁정요리통고李朝宮廷料理通攷》)

한희순 상궁은 대한제국 조선시대 마지막 주방 상궁으로, 사라질 뻔한 궁중요리를 현대적으로 되살리고 계승, 발전하는 데 주도적인 역할을 하였다.

별세하기 1년 전인 1971년 대한민국 정부에 의해 국가무형문화재 제38호인 조선왕조 궁중음식 1대 기능 보유자로 지정되었다. 한희순은 고종 26년인 1889년 한성부(지금의 서울특별시)에서 출생하여, 13세 때인 1901년에 대한제국 조선 궁녀로 입궐하여 덕수궁 주방의 나인이 되었다. 1965년까지 순종의 계비 해평 윤 씨를 모시며 주방 상궁으로 있었다.

1957년에는 《이조궁정요리통고李朝宮廷料理通攷》를 공저로 출간하였다. 1955년부터 1967년까지 숙명여자대학교에 특임대우교수로 출강하여 요리를 교수하였다. 제자로는 황혜성, 염초애 등이 있다.

한희순 씨에 대한 기술은, 사소한 부분이 다르지만, 대체적으로 비슷하다. 입궁이 1901년 13세라고 표기한 것은 중구난방의 구전口傳들 탓일 것이다.

내용은 비슷하다. 이조궁중요리(음식)의 전승, 계승자다. 고종, 순종의 수랏상을 책임졌다. 나라가 망한 후 낙선재(서울 종로구 와룡동)에 있던 윤비의 식사를 책임졌다. 한희순 '상궁'은 낙선재에서 윤 비를 모시면서 궁중요리(궁정요리, 궁중음식)의 전통을 지켰다. 고 한희순 씨는 무형문화재 38호로 궁중음식기능보유자다. 주요한 부분은 이런 내용들이다. 궁중, 궁정이 헛갈린다. 요리, 료리, 음식도 마찬가지. 혼란스럽다.

약간 우스운 의문도 든다. 안순환을 설명하면서 '안순환이 고종의 밥상을 책임졌다'고 기록했다. 동일한 매체가 한희순편에서는 '한희순이 고종과 순종, 계비 순정효황후 윤 씨의 밥상을 책임졌다'고 적었다. 도대체 고종은 누구의 밥상을 드셨을까? 고종의 밥상은 안순환이 만들었을까, 한희순이 만들었을까? 아니면 두 사람이 조를 짜서 같이 만들었을까? 결론부터 밝히자. 모두 엉터리다.

앞서 얘기했듯이, 안순환은 조리사가 아니었다. 고종은 1907년 왕위에서 물러났다. 안순환은 1908년 왕실의 밥상을 관리하는 '전선사 장선'이 되었다. 고종 퇴임 1년 후 '전선사' 행정책임자가 된 사람이 고종의 밥상을 책임졌다니 무슨 소린지 짐작할 수가 없다. 안순환은 고종황제 시대에는 물론 한 평생 주방 부근에 얼씬도 한 적이 없는 사람이다. 주방에 갔다면 술집 명월관의 주방이었을 것이다.

한희순도 마찬가지. 아무리 무너진 왕조라도 여전히 왕실의 식사는 남자, 숙수의 몫이었다. 어린 여자 나인이 밥상을 책임졌다는 것은 유교적 사회 질서 구조와 조선의 궁궐을 모르니 하는 소리다. 한희순 씨는 고종황제 시대에는 제대로 일을 할 연차도 되지 않았다. 백번 양보해서 부엌일을 했다 치더라도, 부엌에 쓸 물을 길어오는 정도였을 것이다.

고 한희순 상궁의 '상궁'부터 살펴보자. 한희순 씨는 상궁이었던 적이 없다. 가짜 칭호다. 군대에는 '마이가라'라는 표현이 있었다. 짐짓 높여 부르는 가짜라는 뜻이다. 한희순 씨는 '마이가라 상궁'이다. 왜 상궁이라 불렀을까? 간단하다. 주변에서 터무니없이 높여 부른 것이다. 여러 사람이 상궁이라고 부르니 어느 순간 상궁이 되었고 언론까지 나서서 상궁이라고 부르는 와중에 '상궁이 될' 정도로 나이가 들었다. 상궁의 나이쯤 되니 스스로도 '상궁 호칭'이 자연스러웠을 것이다. 그뿐이다. 한희순 씨는 한평생 단 한 번도 상궁이었던 적이 없다. 이런 사람을 터무니없이 '제조상궁'이라고 불렀다. 언론에서 누가누가 더 허풍을 잘 떠는지 내기했다는 생각도 든다.

상궁에 관한 잘못된 정보들

•

왜 상궁에 대해서 상세하게 설명하느냐고? 한희순 씨가 음식을 만졌고 상궁이었다는 내용은 곧 주방 상궁, 수라간 상궁이라는 터무니없는 관직(?)을 만들어내고 이런 내용들이 곧 '한식의 전승'으로 전개되기 때문이다.

상궁은 정5품직이다. 내명부의 품계 상, 1~4품은 승은承恩을 입은 경우다. 궁중에서 일하는 나인들 중 최고의 품계가 바로 5품 상궁이다. 상궁은 주방에 들어가서 일을 할 연차가 아니다. 관리 총 책임자쯤 된다. 오늘날로 치자면 "호텔 총 지배인이 주방에서 된장국 끓였다"는 말과 다름없다.

기록에 따르면, 한희순 씨는 1889년생이다. 1900년, 9세 혹은 1901년 13세에 궁녀가 되었다. 나이가 들쑥날쑥하지만 두 신문의 기록을 따른다. 신문의 기록들도 본인 혹은 주변의 구술에 의존했을 것이다. 공식적인 기록이 없으니 본인의 구술, 주변의 증언을 모아서 추정하는 수밖에 없다. 남아있는 기록들도 이 범위를 넘어서지 않는다. 매일경제 기사 중에 '김명길, 박창복, 성옥염 여사가 궁중음식 기능보유자의 자격을 해제 당한 후 한희순 씨가 유일한 기능보유자가 되었다'는 기록이 있다. 어떤 연유인지 상세한 설명이 없으니 이 또한 속사정은 알 도리가 없다.

문제는 한희순이 '고종의 밥상을 책임졌다'는 부분이다. 고종이 강제로 순종에게 양위한 해가 1907년이다. 이때 한희순 씨의 나이가 18, 19세. 궁중생활 6~7년 차였다. 이 정도 연차의 궁녀가 황제의 밥상을 보살필 수 있었을까? 역시 엉터리다. 고종이 퇴위하는 1907년이라도 한희순 씨는 궁중 주방에서 일을 할 연차가 되지 않는다.

궁녀는 천민 중에서 뽑았다. 그중에서도 관노비官奴婢에서 뽑는 것이 원칙이었다. 법을 어기는 경우가 잦았지만 양인 중에서 궁녀를 뽑는 것은 불법이었다. 신문 기사대로 '왕십리에서 농사짓는 농부의 딸'이 궁녀가 되었다면 불법이다. 조선 말기다. 어수선하고 법을 제대로 지키는 경우는 드물었다. 그럴 수도 있다는 정도로 여겨야 한다.

대체적으로 10살 전후의 어린 여자 아이들이 궁녀 후보가 되어서 궁으로 들어온다. 궁에 들어왔다고 처음부터 궁녀, 궁인이 되는 것은 아니다. '수습 궁녀' 코스를 밟아야 한다. 이게 몇 년 씩 혹은 10년 이상이 걸리기도 한다. 궁녀는 외부 남자와의 접촉이 금지된다. 궁녀가 된 후, 가짜 혼례를 치르는 이유다. 궁녀는 '왕의 여자 후보'다. 언제 무슨 일이 있을지 모른다. 이때쯤이면 정식 궁녀가 된다. 1907년을 기준으로 한희순 씨는 18~19세다. 정식 궁녀가 되었다면 궁에서 일하는 수백 명 중 한 명이었을 것이다. 고종의 밥상을 책임지는 것이 아니라 부엌 심부름 하는 평범한 나인 중 하나였을 것이다. 궁중음식을 보았다? 가능성은 있지만 일부 음식을 보았을 정도일 것이다.

궁녀는, 궁궐 내부의 사람이라고 '나인(內人)'이라 부른다. 고종이 퇴위할 무렵, 정상적인 코스라면, 한희순 씨는 나인 정도였을 것이다. 혹은 기간이 짧아 나인이 되지 못했을 가능성도 있다. 일제 강점기와 어수선한 해방 정국을 지나면서 누군가가 먼저, 마이가라로, 상궁이라고 불렀을 것이다. 그게 '한희순 상궁' 그리고 주방 상궁, 수랏간 상궁이라는 엉터리 이야기의 시작이다.

혹자는 일제 강점기에 황후 윤 비를 모셨으니 그 기간을 합산하면 상궁이 되지 않았을까, 라고 말한다. 조악하다. 나라를 빼앗긴 왕과 그 왕후다. 윤 비는, 일제의 앞잡이 노릇을 했던 아버지와 숙부를 둔 여자다. 순종은 아버지 고종을 일제가 강제 퇴위시켰기 때문에 왕이 되었다. 왜 고종을 퇴위하고 순종을 택했는가? 고종이 일본에 뻣뻣하게 구니 쫓았다. 기대했던 대로 순종은 일본 측에 힘없이 끌려 다녔다. 뻣뻣한 왕 대신 일본인들이 편한 대상으로 여기고 택했던 왕이다. 윤 비는 마지막까지 철저하게 나라를 팔아먹고 일본인에게 작위를 받아서 호의호식했던 친일파의 딸이다. 힘없는 '황태자 순종'에게 짝지워 준 것도 일제와 친일파 아버지, 삼촌이다. 순종과 윤 비는 일제 강점기 일본인들이 주는 월급으로 살았다. 순종은 퇴위 후에 이왕 전하李王 殿下로 불리며 궁색한 목숨을 이었다. 그런 왕과 왕비를 모셨다고 상궁으로 올려주자? 이상하지 않은가?

한희순 씨가 조선궁중의 음식을 제대로 보지도 못했을 또 다른 이유도 있다.

궁중에서 음식을 장만하는 것은 숙수熟手들의 일이었다. 숙수는 남자다. 잡급직이지만 급료를 받는 관직이었다. 재부宰夫, 선부膳夫, 각색장各色掌 등이다. 부夫는 지아비, 사나이, 장정을 뜻한다. 궁녀 한희순이 과연 밥상을 만질 기회가 있었을까? 숙수는 사옹원에 속한 정식 관직이다. 9품부터의 품계를 받은 정식 고용직이었다.

반론도 가능하다. 나라가 망할 무렵이니 법도가 무너져 여자 궁인이 챙기는 밥상도 가능하지 않았을까, 라는 주장이다.

국가나 궁중의 관리와 재정이 모두 일본인들의 손에 넘어갔을 시기다. 원래 조선 궁중의 먹거리를 책임졌던 사옹원도 전선사로 바뀌었다. 어수선한 시기니 여자들이 음식을 만졌다? 과문한 탓인지 모르지만, 그런 구체적인 기록은 없다.

조선말기 문신 김기수(金綺秀, 1832년 3월 30일~?)는 1876년 첫 수신사로 일본을 방문하고 《일동기유日東記遊(1877년 2월, 고종 14년)》를 남겼다. 이 책에 수신사 일행이 누군지 상세하게 남겼다. 끄트머리에 '주방 마두廚房馬頭 1명, 숙수熟手 1명, 사환使喚 7명'이 나타난다. 19세기 후반이다. 일본으로 간 수신사 일행에 숙수가 있었다. 수신사에 숙수가 있는데 궁중에서는 여자가 식사를 책임졌다? 엉터리다.

분원分院을 경영했던 하재 지규식(1851년~?)은 《하재일기》를 남겼다. 《일동기유》보다 약 20년 뒤인 1895년 4월 15일의 일기다. 역시 숙수가 등장한다.

문구 혼례가 순조롭게 이루어졌다. 중당中堂에 잔치를 베풀고 찾아온 손님을 정성껏 대접하였다. 현사당見祠堂 하고 잔치를 끝낸

뒤 교부轎夫와 마부馬夫에게 각각 10냥씩 행하行下하고, 비자婢子에게 4냥을 행하하였다. 장작 10냥, 산자橵子 5냥, 담배 2냥 5전, 술값이 2냥이다. 숙수熟手에게 조과造果값 52냥을 주었다.

비자婢子는 여자 종이다. 노비奴婢 중 '노奴'는 남자 종, '비婢'는 여자 종이다. 비자에게는 4냥을 주고 숙수에게는 조과 값으로 52냥을 주었다. 집안의 노비나 숙수라면 별도의 돈을 지불하지 않았을 것이다. 공식적으로 신분제도가 무너졌을 시기다. '비자'나 '숙수'는 외부에서 동원한 인력일 가능성이 크다. 문구의 결혼식을 치르기 위한 단기간 '알바'였을 것이다. 조과는 오늘날의 과자와 비슷하다. 잔치에 쓸 과자를 숙수가 직접 만들었거나 외부에서 만든 다음 가져왔을 것이다.

"궁중의 일상적인 밥상은 여자 궁인들이, 국가 대행사가 있을 때는 남자숙수가 장만했다"는 주장도 있다. 역시 엉터리다. 조선의 궁중은 대행사가 있을 경우 외부 인력, 알바를 썼다. 이름은 '차비差備'다. 궁궐에서 일상으로 일하는 '정규직 숙수'가 있고, 인력이 부족할 경우 차비를 썼다. 차비는 임시, 일용직 근로자인 셈이다. 큰 행사가 있으면 주방을 비롯하여 행사 진행 모든 과정에 차비들을 구했다.

《일성록》'정조 3년(1779년) 10월 24일'의 기록에는 재미있는 단어가 나타난다. '수라숙수水喇熟手'다. 이날 정조는 약방의 조직 개편과 그에 따른 조직원들의 그간 노고를 치하하고 시상한다. 시상 대상 중 수라숙수라는 문구가 나타난다.

약방제조 이하에게 차등을 두어 시상하였다.

(정조가) 하교하기를,

"이제 약원에서 나누어 설치했던 직소를 이미 없앴는데, 3년 동안 밤낮으로 성실하고 부지런히 일한 노고를 다 기록하기조차 어렵다. 5일이나 10일 동안 직숙直宿을 하더라도 오히려 수고를 보답하는 중한 은전이 있어서, 노비를 하사하고 그 품계를 올려주며 음보蔭補가 자질子侄에게 미치는데, 더구나 제조의 오늘날의 공로야 말할 나위가 있겠는가. 약방제조 구윤옥은 가자하고, 아들과 사위, 동생과 조카 가운데 한 사람을 상당相當하는 자리에 조용하라. 수라서원水刺書員 3인은 자원하는 대로 면천免賤하고, 이어 요포料布가 후한 아문으로 하여금 자리가 나는 대로 즉시 거두어 쓰게 하라. 수라숙수水刺熟手는 영문의 군졸이라고 들었으니, 겸사복兼司僕의 체지帖紙를 만들어 지급하라. 수공水工과 군사軍士 등은 해조로 하여금 미米와 포布를 전례에 구애하지 말고 후하게 제급題給한 뒤에 해산하여 보내도록 하라."

하였다. 또 하교하기를,

"약방의 여수공女水工 1명은 자원하는 대로 면천하고, 방금 시상한 숙수는 본 영문으로 하여금 종신토록 명부에서 이름을 지워 없애지 말라고 승전承傳을 받들도록 하라."

하였다.

약방의 일은 중인 이하의 사람들이 전문적으로 했을 것이다. 약방제조는 고위직 문관이 겸임한다. 구윤옥(1720~1792년)은 명문세도가 출신의 고급관료였다. 1762년(영조 38년) 도승지가 되었고 1763년 예조판서가 된 뒤 병조, 호조판서를 차례로 역임하였다. 대통령 비서실장에 여러 장관 요직을 거쳤다. 1790년 무렵 기로소耆老所에 들어간 뒤 판중추부사가 되었다. 약방제조 구윤옥에게 내린 상도 대단하다. 직급을 높여주고 아들, 사위, 동생, 자식 중에 한 사람을 맞는 자리에 채용하라는 것이었다. 제조는 정승급 고관이 겸직으로 맡았다. '고문'쯤 된다.

기사를 보면 '수공'이 있고 '여수공'이 있다. 수공은 궁궐 각 부서에 속하여 험한 일을 하던 이 혹은 수라간이나 약방 등에 속하여 물을 길어오던 이다. 수공과 여수공으로 갈라서 표기한 것은 당시 물 길어오거나 험한 일을 하는 '노'와 '비'가 따로 있었다는 뜻이다. 여수공 1명이 스스로 원하는 대로 면천시켰다. 여수공은 천민이었다.

'수라숙수'는 군졸 출신(영문의 군졸)이다. 군인이니 그에 맞는 겸사복으로 임명하라고 했다. 겸사복은 궁중 수비대. 오늘날로 치자면 청와대 경비단이다. 대단한 영전이다. '숙수'는 대체적으로 수라간에서 일하는 것이 원칙이다. 왜 하필 수라숙수라고 표현했는지는 알 수 없다. 숙수는 "이름을 지워버리지 말고 종신토록 혜택을 받도록 하라"고 못박았다. 한 번의 시상이 아니라 시상 내용을 적어두었다가 종신토록 혜택을 보도록 했다.

군인으로 돌아가는데 좋은 '꽃보직'을 주라고 한다. 수라간에서 일하는 것은 군역보다 힘들었다는 뜻이다. 남자들이 할 수밖에 없다.

궁중에서 여자가 음식을 만지는 것은 명백한 불법이었다. 영조 42년

(1766년) 8월, 영의정 홍봉한(1713~1778년)과의 대화다.

영의정 홍봉한이 말하기를,

"능원陵園에 친히 제사하실 때와 전궁殿宮의 제향祭享할 때에 병餠, 면麵, 두부, 탕(泡湯)을 준비하는데 번번이 여인女人들로 하여금 대령待令하게 하므로, 경조京兆 각부各部에서 이를 빙자하여 함부로 민폐를 끼치니, 진실로 소요騷擾한 폐단이 많습니다. 더군다나 지극히 존경하는 땅에 내력이 분명하지 못하고 정결하지 못한 여인으로 하여금 여러 숙수熟手 가운데 서로 섞이게 하는 것은 또한 심히 미안합니다. 태상太常의 숙수는 만들지 못하는 것이 없는데, 어찌 유독 병, 면, 탕만 만들지 못하겠습니까? 청컨대 태상에서 별도로 변통하여 숙수로 하여금 거행하게 하여, 한편으로는 사체를 존중하고 한편으로는 민폐民弊를 없애게 하소서."

하니, 임금이 말하기를,

"들으니 몹시 해괴하다. 한갓 설만褻慢할 뿐만 아니라, 민폐를 이루 다 말할 수 있겠는가? 이 뒤로는 엄금하여 범하는 자는 태상의 관원과 부관部官을 중하게 다스릴 것이다."

―《조선왕조실록》

'설만褻慢'은 더럽다, 깔보다, 욕보이다, 버릇없다는 뜻이다. 아주 부정적인 표현이다.

영조 시절 이미 여자들의 주방 일이 나타났다. "별도의 변통을 하여 숙수로 하여금 거행하게 하라"는 말은 궁중에서도 숙수가 늘 부족했음을 알 수 있다. 숙수의 일이 힘드니 모두들 피하려 한다. 인력이 부족하니 여자들에게 음식 만드는 일을 맡긴다. 그러므로 왕이 직접 나서서 인력 변통을 해보라는 뜻이다. 문제는 더 있다. 궁궐에서 이런 일이 있으니 도성 내 각 부서에서도 잘못된 관행을 따라한다. 원칙은 여전히 살아 있다. 변통을 하더라도 궁중에서는 남자 숙수들이 음식 만지는 일을 도맡아야 한다. 이런 법을 어기면 관리들의 책임을 무겁게 묻겠다고 했다.

영조와 홍봉한은 사돈지간이다. 홍봉한의 딸이 사도세자의 부인 혜경궁 홍씨. 홍봉한은 세손世孫이었던 정조의 외할아버지다. 영의정, 현직 국왕의 사돈, 세손의 외할아버지가 국왕 독대 자리에서 꺼낸 이야기가 "여인들이 음식을 만지지 못하게 하라"는 것이었다. 봉상시는 제사를 도맡는 부서다. 제사 음식, 궁중의 일상적인 음식을 만드는 일은 유교의 법도에 따라 중요한 일이었다. 민간 반가나 상민의 집에서는 여자들이 음식을 만들었지만 궁중이나 관청의 음식은 철저히 남자들의 몫이었다.

궁중의 크고 작은 행사, 제사, 일상적인 밥상, 각급 관청, 지방 관아, 외국으로 가는 사신단의 밥상은 숙수가 책임졌다. 이와 달리 반가에서는 '남녀 노비'가 책임졌다. 서민 가정의 경우, 남자는 바깥일을 위주로, 여자들은 살림살이 위주로 살았다. 여자들은 바깥일도 하지만 집안일도 했다.

급식인원이 많은 경우 그리고 중요한 밥상을 차리려면 물리적으로 강한 힘이 필요하다. 주방 도구들은 하나같이 크고 무거웠다. 고기를 다루는 일도 무척 힘들었다. 지금같이 도축과 육가공이 분리된 시절이 아니다. 도축, 육가공, 조리를 동시에 해내야 했다. 도축을 외부에서 하더라도 뼈가 있는 고기를 만지는 일은 쉽지 않다. 남자들이 해야 한다. 50여년 전 시골에서는 닭 잡는 일도 남자들이 도맡았다. 닭죽은 여자들이 끓이더라도 닭 잡는 일은 남자들의 몫이었다. 여자들이 궁중이나 관청의 밥상을 만지지 못한 이유다.

바탕에는 유교적 가치관이 숨어 있다. 같은 유교문화권인 중국의 경우도 마찬가지. 중국사에 등장하는 조리사들도 죄다 남자들이다. 음식은 숙수, 선부膳夫, 재부宰夫, 옹인饔人, 수공水工, 반공飯工 등 남자들의 몫이었다.

1906년의 기록에 '진짜 상궁'이 나타난다. 고종 43년(1906년) 5월 4일(양력)《조선왕조실록》의 기사 제목은 '상궁 안 씨의 상喪에 장례용품을 넉넉하게 보내주라는 영'이다. "상궁尙宮 안 씨는 역대로 여러 임금을 섬기면서 시종일관 공경하고 삼갔다. 나의 어린 시절부터, 명을 받들어 나를 돌보아 주었는데(중략) 장례용품을 넉넉하게 보내 주도록 하라.(중략) 제문祭文은 직접 지어 내리겠다"는 내용이다. 국왕이 직접 제문을 짓겠다고 하고, 장례용품도 두 차례에 걸쳐서 더해서 내려 보내겠다고 했다.

이 정도 등급이 상궁이다. 안 상궁이 역대 여러 임금을 섬겼다는 걸 보면 사망 당시 최소한 60, 70세의 나이였을 것이다. 이때 고종도 이미 50세를 넘겼다. 안 상궁은 환갑을 지났을 가능성이 크다. 상궁은 정5품의 직급으로 내명부內命婦의 직계 중 최상급이다. 이 무렵 한희순 씨는 17~18세 정도다. 견습, 수습의 꼬리표나 떼었는지 궁금하다.

궁중 전선부 출신 안순환이 명월관을 연 것이 1903년. 한희순 씨 15

세. 안순환이 궁중의 관리노릇을 하면서 일본인, 친일대신들과 합자하여 호화 요릿집을 낼 무렵, 한희순 씨는 궁중에 들어간다. 1905년 을사늑약, 이때 한희순 씨의 나이는 17세. 1910년 망국, 한 씨는 22세, 궁중 생활 9년 차. 조선이 무너지고 있던 시기에 10대의 소녀로 궁중 나인 생활을 한 그녀가 도대체 무슨 음식을 봤다는 걸까?

《조선왕조실록》 '태조 6년(1397년) 3월 15일'의 기사다. 제목은 '상서사 판사尙瑞司判事 조준趙浚, 정도전鄭道傳 등이 내관內官(궁녀)의 작호와 품계를 세우기를 청하다'이다.

　　"상궁尙宮 3인에 하나는 정5품에 견주고, 둘은 종5품에 견주며"

　조선의 설계자 정도전 등이 세운 이 원칙은 조선시대 내내 크게 변하지 않는다. 조선시대 궁중의 상궁은 3명으로 정5품 혹은 종5품이다. 상궁은 궁녀 중 최고위직. 정4품부터는 국왕의 성은聖恩을 입은 사람만이 가능했다.

　교산 허균의 《성서부부고》 '제2권 시부2 궁사宮詞'에는 '예전 일을 잘도 아는 머리 하얀 상궁들은白髮尙宮知舊事'이란 표현이 나온다. 요즘 영화나 드라마 등에 김 상궁, 이 상궁, 박 상궁 등 궁중 상궁들이 너무나 많이 나타나니 조선 궁중에는 상궁 천지였던 줄 알지만 상궁은 흔한 존재가 아니었다.

　최고의 코미디는 '수라간 상궁'이다. 이런 이름은 조선시대 내내 없었다. 허구다. 여자들이 음식을 만들지도 않았거니와 상궁 정도의 고위직이 수라간에서 일했을 리도 없었다.

"한희순 씨가 윤 비의 처소에 드나드면서 윤 비를 모셨고, 낙선재에서 윤 비의 밥상을 챙기면서 한식을 계승, 발전시켰다"는 이야기도 전해진다.

윤 비는 누구인가? 윤 비는 순종의 계비 순정효황후 윤씨純貞孝皇后 尹氏다. 윤 비에 대해서 설명하는 것은 한희순 씨, 황혜성 선생이 윤 비로부터 궁중, 궁중음식에 대해서 많은 부분을 전해 들었다고 하기 때문이다. 즉, '윤 비-한희순-황혜성 선생'으로 연결되는 고리에서 오늘날의 궁중음식이 나타나기 때문이다.

1960~70년대 신문기사를 보면 한희순 씨가 윤 비 처소에 들렀다는 기록들이 많이 보인다. 윤 비와 한희순 씨가 울분을 토하며 서로 위로하는 장면도 많이 등장한다. 전해지는 이야기로는, 한희순 씨는 한일병합으로 조선, 대한제국이 망한 후, 낙선재 등에서 은거하던 윤 비의 처소에 자주 들러서 이야기를 나눴다. 시기는 일제 강점기 이후다.

윤 비는 1894년 9월 19일(양력) 한성부 옥인동에서 태어났다. 생가가 현재 한식집 석파랑의 본관으로 사용되고 있다. 아버지는 친일파 윤택영. 1906년, 13살에 동궁계비東宮繼妃가 되었고 1907년 순종이 황제로 즉위하면서 14살에 황후가 되었다. 윤 비가 궁중에 들어갔을 때 이미 안순환의 명월관이 조선궁중요리를 내걸고 성업 중이었다. 17세 되던 해 한일병합. 순종황제는 이왕李王으로, 순정효황후 윤 씨는 이왕비李王妃로 격하되어 창덕궁 대조전으로 옮겼다. 윤 비는 나중에는 낙선재로 거처를 옮겼다. 1966년 창덕궁에서 사망했다.

망국의 시기에 스무 살 언저리의 궁중나인과 17살 소녀였던 윤 비가 조선의 한식, 궁중의 음식을 계승했다? 윤 비의 궁중생활은 불과 3년 남 짓이다. 그나마 조선궁중의 살림살이를 일본인들이 조종하고 있을 때 였다.

조선은 왕이나 사대부들의 나라가 아니었다. 조선을 규정하고 운영하 는 지침은 '유교적 법도'와 《경국대전經國大典》이었다. 왕이나 신하 모두 "내 생각에는"이라 말하지 않고 "법에 의하면, 전례에 의하면"이라고 표 현했다. 법과 전례는 《경국대전》에 뿌리를 두고 있다. 을사년의 늑약 이 전에 이미 '유교와 경국대전이 규정한 조선'은 무너졌다. 1905년을 기점 으로 보더라도 한희순 씨는 17살, 궁중생활 4년 차였다. 윤 비는 12세, 아직 궁중에 들어오지도 않았다. 무엇을 보았다는 것일까?

해방 후의 인터뷰에서 한희순 씨(1889~1972년)는 "일제 강점기부터 윤 비의 처소를 자주 드나들면서 궁중음식을 보존했다"고 밝혔다. 아무리 되짚어 봐도 이들이 본 것은 없다. 결국 보존이 아니다. 이들이 한식, 궁 중음식을 '복원'한 것이다. 바깥에서는 안순환의 '조선요릿집'을 비롯하 여 숱한 요릿집들이 국적불명의 '조선궁중음식'을 팔고 있었다.

고종의 입맛과 식사를 봐도 그렇다

•

한식과 궁중음식에 대해서 알아보려면 고종의 일생도 살펴볼 필요가

있다. 고종은 1852년(철종 3년) 생이다. 궁궐로 들어오기 전 이름은 재황載
晃. 1863년, 열두 살의 어린 나이에 '연을 날리며 놀다가' 느닷없이 국왕
으로 등극했다. 아버지는 홍선대원군興宣大院君 이하응李昰應. 조선 왕조
유일의 '대원군 섭정攝政'을 해낸 사람이다. 능수능란한 정치가로 '준비된
대원군'이었다. 고종은 스무 살을 넘겨서 겨우 친정 체제를 만들긴 했지
만 이번엔 아내 명성황후가 시아버지 홍선대원군과 각을 세웠다. 고종
은 무너지는 왕조의 국왕으로는 너무 나약했고 상대적으로 아내와 아버
지가 개성이 너무 뚜렷했다.

고종은 밖으로는 물밀 듯이 밀려오는 외국 문물을 겪었고 안으로는 늘
독살을 염려해야 할 상황이었다. 어린 시절 넉넉지 않은, 몰락한 왕족의
집안에서 살다가 12살에 군주가 된 어린 아이가 음식에 대한 교육을 제
대로 받았을 리 없다. 실제 기록을 보더라도 '커피 등 서양음식도 좋아하
고 배 즙을 많이 넣어서 지나치게 달싹한 배 냉면을 좋아했던 군주'가 고
종이었다. 한때는 독살을 염려하여 외국인이 만들어주는 외국 음식만을
먹기도 했다.

고종과 왕세자는 1896년(건양 1) 2월 11일부터 약 1년간 조선의 왕궁을
떠나 러시아 공관(공사관)에 있었다. 아관파천俄館播遷이다. 1896년에 이
미 고종이 궁궐을 벗어나 러시아 공관에 있었다. 이때도 한식, 궁중음식
을 먹었을까? 아니다. 독살에 대한 두려움과 서양에 대한 호기심으로 서
양 음식을 먹었다. 독일인 손탁(앙투아네트 손탁, Antoinette Sontag, 1854~1922
년)이 러시아의 힘을 빌려 궁중 '전례관' 노릇을 한 것도 아관파천 이후다.
'전례관'은 왕실의 음식과 의전을 담당했던 직책이다. 1896년이면 한희

순 씨가 불과 8살이다. 궁중에 들어오기 4~5년 전이다. 왕은 외국공사관에서 커피 마시며 서양 음식을 먹고 있었다. 이때 한희순 씨가 뭘 보고 뭘 했다는 건지 알 수가 없다. 이 정도로 허약한 나라의 궁중이 음식을 지키고나 있었을까?

지금 우리가 만나고 있는 궁중음식

•

불쌍한 것은 한식이다. "한희순 씨가 궁중의 수라간 상궁이었고 주방 일을 했다"는 잘못된 이야기를 바탕으로 한식이 재정립되었다. 한희순 씨는 1971년 중요무형문화재 제38호이자 제1대 궁중음식 기능보유자가 되었다. 이 음식이 바로 우리가 만나고 있는 궁중음식이다. 1대 궁중음식 기능보유자의 말에 맞서서 한식과 궁중음식을 이야기할 사람은 없다.

과연 정확할까? 아니다. 궁중음식의 실체가 있는가? 없다.

'제조상궁'도 와전되었다.

조선시대의 제조提調는 "각 사司·원院의 관제官制 상 우두머리가 아닌 종일품從一品, 또는 정·종이품正·從二品의 품계品階를 가진 사람이 겸직으로 임명되고, 그 관아官衙의 일을 지휘·감독하게 했다"라고 적었다. 관아의 일을 지휘, 감독하는데 정작 우두머리는 아니다. 특이하다. 오늘날의 '고문顧問' 정도의 직책이다. 제조라는 직책이 생긴 것은 조선이 문관 중심의 유교국가기 때문이다.

궁중에는 기술, 잡급직이 많이 필요하다. 건물을 관리하고 창고, 부엌,

의복 관련 등 기술직이 필요한 곳이 많다. 이곳에 실제 운영은 기술직들이 하되, 관리 책임은 '제조'들이 맡은 것이다. 문관 중심의 조선에서는 군대의 책임자도 문인들이 맡은 경우가 많았다. 군대 지휘는 무인이 맡되 총괄 책임자는 문관인 경우다. 제조는 문관 고위직이 맡았으니 당연히 학문의 깊이를 필요로 하는 직책이다. 제조는 겸직이 많았다. 영조의 말동무 노릇도 했던 김양택은 영의정이면서 도제조都提調였다. 도제조는 제조 중 최고직이었다.

'제조상궁'은 《조선왕조실록》 등 공식적인 기록에는 나타나지 않는다. 만약 있었다면 궁중 내명부의 행정, 관리 책임을 맡은 고위직이었을 것이다.

한희순 씨는 궁중음식 기능보유자로 지정된 1년 후 사망했다. 한희순 씨를 탓하는 것이 아니다. 그녀를 정점으로 이루어진 궁중음식의 허상이 안타까운 것이다. 실체도 없는 궁중음식과 실체도 없는 주방상궁을 부여잡고 한식의 세계화를 이야기하는 것이 부끄럽고 허망하다.

법도가 무너진 궁중의 나인에 불과했던 10대 소녀. 그리고 그보다 더 어린 10대 초반의 나이, 마지막 황후의 기억 속에 남아 있는 음식. 이런 음식들을 우리는 지금 궁중음식이라고 말하고 있다. 청과 일본의 음식, 양식까지 무분별하게 받아들인 명월관의 천박한 술안주. 일제 강점기 내내 더욱더 왜곡된 조선요릿집의 술상 안주들이 한식이 된 것이다.

한식은 조선왕조 500년이 완성시킨 것이다. 조선을 세우고 유지한 것은 유교와 《경국대전》이다. 유교적 가치관을 세우고 이끈 것은 《경국대전》이다. 당연히 음식, 한식도 《경국대전》의 기준대로 만들었고 먹었다.

세계적으로도 보기 드물게 500년을 이끌어온 조선의 음식을 이야기하면서 왕조의 끄트머리 몇 년 동안 일한 10대 궁녀와 불운한 10대 초반 소녀의 기억에 의존한다면 한식이 너무 불쌍하지 않은가?

먹거리를 넘어서서 문화, 문화를 넘어서서 유교의 철학적 의미를 품고 있는 한식을 천박하고 알록달록한 술안주와 접목시킨 그 죄는 또 어쩌려는가?

한식의 정신을 되짚어보면 궁중음식이란 단어는 무의미하다. "궁중음식은 없었다" 혹은 "한식에는 궁중음식이란 표현 자체가 있을 수 없다"고 해야 한다. 궁중음식은 우리 시대가 만든 허상이다.

한식에 한 걸음
더 가까이

지금의 한식은 일본풍이다

우리가 만나는 '지금의 한식'은 일본풍이다. 일제강점기 36년과 그 후에도 오랫동안 일제, 일본의 영향을 받고 있다. 지금도 마찬가지. 불행히도, 근대화 과정의 서양 문물도 일본을 통해 받아들였다. 일제의 잔재는 상상 이상으로 많이 남았다.

음식 맛이 지나치게 단 것도 마찬가지다. 일본 영향을 받은 것이다. 일제강점기에 시작된 짝퉁 당면잡채가 대표적이다. 좋은 산나물은 버리고, 공장에서 대량 생산된 간장과 당면을 섞었다. 채소 모둠쟁반은 달싹한 당면 볶음이 되었다. 간장도 그렇다. 공장 생산 간장 제조 기법을 일본에서 배웠다. "음식은 장맛이다." 일본식 단맛의 간장을 쓰면서 일본 음식에서 벗어나기란 쉽지 않다. 나쁘다는 것이 아니다. 우리 음식이 바탕부터 일본을 따라가고 있다는 것이다.

짝퉁 당면잡채도 마찬가지다. 이 음식이 나쁘다는 것이 아니다. 아름다웠던 우리의 잡채, 채소 모둠쟁반이 다디단 음식이 된 것이 아프다. 달고 정교한 음식은 일본식 전통이다. 오늘날 우리 음식의 '단짠'은 우연이 아니다.

1748년(영조 24년), 조선통신사 종사관從事官 조명채(1700-1763년)는 부산 두모포진을 출발, 일본으로 향한다. 조선통신사 일행으로 6개월간 일본을 여행하고 '보고서'를 남겼다. 《봉사일본시견문록奉使日本時聞見錄》이다. 두 구절을 인용한다.

아침에는 흐렸다가 늦게는 개고 서남풍이 불었다.

바다와 하늘이 흐리고 바람이 매우 사나워서 결코 배를 띄울 날씨가 아닌데도, 대마도 태수에게서 이미 전해 온 말이 있었으므로 바야흐로 준비하여 기다리는데, 장문주 태수에게서 또 공궤供饋가 있었다. 역시 물고기와 과일붙이인데, 그중의 건시乾柿는 마치 작은 주머니 같은 모양의 '첩시貼柿(100개 한 접으로 된 곶감이란 뜻)'로 낱개마다 가지가 붙어 있고, 생선은 실로 꼬리를 묶어서 머리에 돌려 매어서 살아서 뛰는 모양으로 만들었다. 모든 요긴하지 않은 곳까지 공교를 부린 것이 흔히 이러하다.
— 건乾/4월 7일

"곶감은 낱개마다 가지가 붙어 있고, 생선은 실로 꼬리를 묶어서 머리를 돌려 매어서 살아 뛰는 모양으로 만들었다." 이미 당시의 일본과 일본

문화가 정교한 솜씨를 보였다고 본 대로 적었다. 뒤에 설명이 재미있다. "모든 요긴하지 않은 곳까지 공교를 부렸다." 하지 않아도 될 부분까지 아름답게, 아름답게를 외치는 일본 문화가 엿보인다.

일식도 그러하다. 아름답다. 먹기 아까울 정도로 정교하다. 별 요긴하지 않은 부분까지 멋을 낸다. 일식은 눈으로 먹는다고 했다. 이런 일식의 아름다움을 보고 감탄하는 청맹과니들이 많다. 요긴하지 않은 부분까지 멋을 내는 것은 일식의 길이다. 한식의 정신과는 다르다. '틀렸다'가 아니라 '다르다'이다. 한식을 만들면서 일식의 길을 따르는 것은 틀렸다. 일식의 길을 따르면서 '전통 한식'을 내세우는 이들이 많다.

일본의 장, 일본의 과자

•

간단한 이치다.

우리나라 궁궐을 복원하면서 일본 오사카의 오사카성城처럼 만드는 것은 틀렸다. 경복궁은 트인 구조다. 열려 있다. 오사카성은 정교하다. 일본식 닫힌 아름다움이다. 일본 정원은 정교한, 닫힌 구조다. 작은 정원에 시냇물이 흐르고 폭포가 있고 연못이 있다. 풀 한 포기, 돌 하나에 의미가 있고 정교하다. 손댈 곳이 없다. 숨이 막힐 정도로 정교한 아름다움이다. 틀린 것이 아니라 우리와는 다르다.

우리나라 정원을 만들면서 일본 정원을 본뜰 것인가? 틀린 짓이다. 어설픈 솜씨로 일본식 아름다움을 따라가는 것은 청맹과니의 짓이다. 270

년 전, 종사관 조명채의 안목에도 미치지 못하는 것이다. 인터넷이 없는 시절에 조명채는 일본식 아름다움을 정확하게 지적했다.

어설프게 일본을 다닌 여행객들이 "일본 가보니 음식이 모두 아름답더라" 하고 감탄한다. 그래서 어쩌라고? 일본에서 음식 공부한 것을 은근히 뽐내는 이들도 많이 만났다. 일본에서 음식 공부를 한 유학파 중에는 한식의 장을 모르는 얼치기들도 많다. 말끝마다 "일본의 간장은…" 하면서 입에 침이 마른다. 이런 이들이 "일본 장은 달고 맛있다"고 떠든다. 정작 그게 조미료 범벅임은 모른다. 장은 달지 않다. 장은 짜다. 단것은 액상과당을 버무린 것일 때가 많다.

물엿도 마찬가지. 그게 액상과당임을 모른다. 조청의 일종이라고 생각한다. 얼치기, 청맹과니도 이쯤 되면 기가 막힌다. 조청造淸은 '인조人造 +청밀淸蜜'이다. 사람이 만든 맑은 꿀 같은 것이다. 맑은 꿀이 최상이다. 자연에서 채취한다. 수급이 불안정하다. 인위적으로 맑은 꿀을 만든다. 인위적으로 만든, 맑은 꿀 같은 것이 바로 조청이다. 조청과 엿의 제조 과정은 비슷하다.

액상과당液狀果糖은 어렵다. 소비자들에게 다가가기 힘들다. 엿 흉내를 낸다. 물엿이라고 이름 붙인 이유다. 오늘날 액상과당은 우리 식탁, 입을 점령했다. 피하고 살 수 없다. '우리 몸에 유해하다, 아니다'는 과학자, 의학자의 몫이다.

액상과당이 우리 식탁을 망가뜨린 것은 분명하다. 물엿을 넣지 않은 멸치볶음은 맛이 없다. 때깔도 엉망이다. 밥을 잘 먹지 않는 아이들은 음료수와 과자에 매달린다. 대부분 음료수와 과자에는 액상과당이 들어있다. 액상과당의 맛을 이기는 밥은 없다. 밥의 맛이 없는 이유다. 해방 이후 대부분 과자는 일본제품을 베꼈다. 일본 과자의 겉껍질과 용량만 바꿔서 우리 제품으로 내놓았다. 과자 전문가 중에 "우리가 먹는 과자 중에 초코파이와 맛동산 이외 대부분은 일본 것을 그대로 베낀 것"이라고 말하는 이도 만났다.

2015년 1월 9일, KBS의 보도다. 제목은 '설탕 자리 꿰찬 '액상과당'이 위험한 진짜 이유'다. 부분적으로 발췌한다.

설탕보다 달지만 제조원가가 싸고 가공이 용이해 국내외 식품업계에서 널리 쓰이는 '액상과당'/주로 탄산음료나 과자, 빵처럼 단 맛이 강한 가공식품에 많이 들어있는 것으로 알려졌지만 조미료나 통조림, 분유, 밑반찬에 이르기까지 광범위하게 사용되고 있다./특히 무설탕, 무첨가물을 강조한 제품에도 상당수 액상과당이 사용되고 있다. 소비자들이 원하는 단맛을 아예 포기할 순 없기 때문이다./다이어트를 필요로 하는 소비자들은 무설탕 제품이라는 점에 혹할 수밖에 없다. (중략) ■액상과당이 설탕보다 유해할까?/(중략)이런 가운데 액상과당이 설탕보다 해로울 수 있다는 연구결과들이 알려지면서 소비자들의 불안감은 커지고 있다./앞서 미국 듀크대병원 연구팀은 비알코올성 간질환이 있는 성인 427명의 의료자료와 식습관을 분석해, 액상과당이 혈당을 조절하는 인슐린의 기능을 떨어뜨려 대사증후군을 일으키고 지방간을 촉진시킨다는 결과를 발표했다./(중략)하지만 이들 연구는 주로 동물시험을 통하거나 5년 이상 장기간 추적 관찰한 결과가 아니어서 '정설'로 받아들이기에는 무리가 있다는 지적도 나온다./(중략)중앙대학교 정명섭 식품공학과 교수는 "액상과당의 유해성에 대한 의견이 팽팽하게 갈려 앞으로 더 많은 연구가 필요하다"면서 "특히 한국인을 대상으로 한 우리 연구가 부족해 하루 빨리 관련 연구를 진행해야 한다"고 강조했다./(중략)당류는 연령대를 떠나 음료수를 통해 가장 많이 섭취하는 것으로 조사됐는데, 음료수에 가장 많이 첨가된 당이 바로 액상과당이다./(중략)당의 종류와 상관없이 과잉 섭취된 당류는 당뇨나 대사증후군, 심혈관 질환 등 각종 위험을 증가시킬 수 있다./그런 측면에서 액상과당이 설탕보다 유해하다고 볼 수 있는 셈이다./ 가톨릭대학교 최창진 가정의학과 교수는 "지금까지 나온 연구결과들을 종합하면 액상과당이 다른 첨가 당보다 더 해롭다는 증거는 불충분하다"며 "다만 액상과당을 섭취할 경우 설탕에 비해 포만감이 적어 과잉 섭취를 유발할 수 있기 때문에 주의해야한다"고 당부했다./(중략)소비자시민모임 황선옥 부회장은 "제품에 따라 액상과당이나 설탕이라는 용어 대신 수크로스, HFCS, 콘시럽, 요리당, 옥수수시럽 등 서로 다른 용어들이 혼재돼 있어 혼란스럽다"며 "표시방법의 개선과 함께 용어에 대한 소비자교육이 필요하다"고 강조했다.

일본 과자는 일본식이다. 그들의 방식이다. 잘못은 베낀 우리다. 일본

과자 탓할 일은 아니다. 우리가 '기술 이전'을 원했다. 과자는 어린아이들이 많이 먹는다. 어린 시절부터 정교하게 만든 일본 과자를 먹고 자란다. 나이가 들어도 입맛은 쉽게 바뀌지 않는다. 일본식 음식을 따르는 이유다.

단맛공화국이 되었다

•

정교한 아름다움을 위하여 일본에서는 칼도 여러 종류로 나누어서 제작, 사용한다는 신문기사도 봤다. 아름다운 음식, 일본식 음식을 따라가기 위해서 칼을 정교하게 만들어야 한다는 주장. 어처구니가 없다. 일본식 칼은 일본 음식에 맞다. 독일, 영국의 주방용 칼이 좋지 않아서 독일, 영국 음식이 프랑스, 이탈리아 음식보다 맛이 없다? 코미디다.

칼로 모양을 내는 잔망스러운 아름다움은 일본인들의 것이다. 굳이 따를 일은 아니다. 언제까지 일본식민사관의 늪에 빠져서 허우적댈 것인가? 한식의 정신을 모르니 일어나는 일이다.

조명채의 《봉사시일본견문록》 3월 기사다.

비에 막혀 일기도에서 묵었다.

이정암以酊菴 중이 사자를 보내어 문안하였다. 영접관이 와서 역관에게 말하기를,

"도주島主가 바야흐로 사행에게 승기악勝妓樂을 보낼 터이니, 점

심은 잠시 천천히 드십시오."하더라 한다. 승기악이라는 것은 저들의 가장 맛좋은 음식이라고 하는 것이다. 이윽고 들으니, 사자가 거느려 와서 왜인이 손수 만들어 바친다고 하는데, 마치 우리나라의 이른바 열구자잡탕悅口資雜湯과 같은 것이며, 그 빛이 희고 탁하며 장맛이 몹시 달지만 그리 별미인지도 모르겠다.

— 건乾/3월 20일

조명채는 "장맛이 몹시 달지만 그리 별미는 아니다"라고 말한다. 우리나라 조리사 중에는 조명채가 말한 '별미가 아닌 몹시 단맛의 장'을 그대로 따르는 이들이 많다. 가히 문화적 문맹文盲이다. 우리 장맛을 모르니 무작정 일본식 단맛 투성이의 장맛을 따라간다.

드디어는 희한한 음식평이 나온다. 소금을 입에 넣고 달다고 좋단다. 부뚜막의 소금도 집어넣어야 짜다고 했다. 소금은 짠맛이다. 소금이 달다고 좋아한다. 근거도 없고 출처도 불분명한 '2년 간수 뺀 소금'을 쓴다. 소금에서 나오는 간수는 쓴맛, 퀴퀴한 냄새가 나니 싫단다. 간수에 우리 몸에 유익한 작용을 하는 물질이 어느 정도 들어 있는지 따지지 않는다. "소금이 짜지 않고 달아서 좋다"라는 엉뚱한 소리도 자주 듣는다. 간수의 쓴맛이 빠져나가면 소금에서 자연스럽게 단맛이 난다. 그게 꼭 좋은 것일까? 짠맛이 나지 않는 소금을 왜 사용하는가? 언젠가 어느 식당의 주인과 이야기를 나누다가 문득 칼칼한 짠맛이라는 단어가 떠올랐다. 어린 시절 먹었던 음식의 칼칼한 짠맛, 그 맛이 그립다.

이제는 고추장도 달고, 술도 달다. 단맛공화국이다. 장도 달아야 하고,

씀바귀 무침도 달아야 한다. 식재료 고유의 맛은 잊었다. 대신 우리는 조미료, 감미료 범벅의 음식을 먹으며 달다고 좋아하는 무지한 시대를 살고 있다.

일본 방식을 선망하며 한식의 전통을 말할 것인가?

•

매주 없이 된장, 간장을 만든다. 누룩 없이 술을 만든다. 일본 방식이다. 이미 많은 곳에서 메주 없는 된장, 누룩 없는 술을 만든다. 소비자들만 모를 뿐이지 숱한 곳에서 이런 술, 된장을 만든다. 일본 방식이려니 하고 넘길 수도 있지만 이런 된장과 술 앞에 꼭 '전통'을 붙인다. 과학적이고 세련된 방식, 잡냄새가 없는 대단한 음식을 만들었다고 자랑한다. 왜 일본에서 몇 달, 몇 해 배운 것이라고, 일본 방식이라고 이야기하지 않는가? 그걸 과학적이라고 자랑하면서 그 과학을 어디서 배운 것이라고 출처를 밝히면 될 일이다. 일본 방식이라고, 일본 음식의 방식이라고 이야기하면 될 터이다. 왜 '한국 전통'이라고 표기하는가?

근대 문명을 우리보다 빨리, 많이 받아들인 일본의 음식은 과학적이고 수천 년 이어온 우리 음식, 한식은 비과학적인가?

'과학적이지 않은 것'에는 비과학적인 것도 있지만 초超과학적인 것도 있다. 과학을 넘어서는, 과학적으로 규명하지 못하는 부분도 있다. 초등학교 4학년이 미분, 적분을 풀지 못한다고 미적분의 정답이 없는 것은 아니다. 풀지 못할 뿐이다. 문제가 어떤 의미인지를 모를 뿐이다. 산수만 겨우 깨친 아이들이 미적분을 풀지 못한다고 미적분이 비과학적인가?

김치는 오랜 기간 연구했고, 하고 있지만, 아직도 그 정체를 정확히 알지 못한다. 외국에서 김치를 통관 규제하고 수입 금지하는 것은 김치의 균 때문이다. 김치의 균에 대해서 정확하게 설명하지 못했다고 김치가 균 투성이의 나쁜 음식은 아니다. 우리가 김치의 '정체'를 정확하게 설명하지 못할 뿐이다.

일본 술은 정제한 효모를 사용한다. 고두밥에 정제한 코지(Koji, 麴, 국)를 뿌린다. 코지는 고두밥에서 번식하여 많은 양의 효모 덩어리를 만든다. 밑술이다. 일본식 주조는 이 밑술을 다시 고두밥에 섞는 식이다. 이른바 입국粒麴 방식이다. 정제한 효모를 사용하니 술맛이 균일하다. 쉽게 상하지도 않고 맛이 일정하다. 대체적으로 술이 달다. 일본식 입국 방식에는 별도의 누룩이 없다.

우리 누룩 성분과 작용은 정확하게 밝혀지지 않았다. 누룩을 사용할 경우, 어떤 술이 될지 정확히 짐작하기 힘들다. 비과학적이라고 공격한다. 우리 누룩, 술은 '불확실'하다. 하지만 우리 누룩은 불확실할 뿐이지 비과학적이지 않다.

메주도 마찬가지다. 일본식 된장, 간장 제조법은 메주를 사용하지 않는다. 일본 술과 마찬가지 방식으로 장을 만든다. 삶은 콩 위에 적절한 정제 효모를 뿌린다. 콩이 발효하면 이 콩을 모아서 장을 담거나 재차 발효하여 장으로 만든다. 정제된 효모니 맛이 일정하고 생산된 된장, 간장의 맛을 미리 짐작할 수 있다.

우리의 장 담그기는 일정한 맛을 기대하기 힘들다. 미리 장맛을 짐작하기도 힘들다. '불확실'이다. 메주는 제각각 맛과 성분이 다르다. 장을 담글 때 사용하는 소금의 양이나 질, 콩의 삶은 정도, 으깬 정도에 따라 장과 메주의 맛이 달라진다. 미리 짐작하기도 힘들다. 망가지는 장도 많다.

전통 메주를 만든답시고 짝퉁 황토방에 군불을 잔뜩 때고 메주를 말리는 광경도 자주 봤다. 메주는 춥고 바람 통하는 곳에서 말려야 한다. 콩이 발효하면 때로는 푸른 색깔, 때로는 검은 색깔의 곰팡이가 핀다. 대부분의 '과학적인 사람들'은 메주의 푸른, 검은색을 보고 썩었다고 한다. 전통 메주를 보지 못했기 때문이다. 일본식으로 만든 삭힌 콩의 밝고, 노랗고, 붉은색을 보았기 때문이다. 그 아름다운 색깔에 취해서 청맹과니가 되었다.

짚이 붙어 있었던 곳에는 푸른, 검은 곰팡이가 유난히 많다. 솔로 씻고 양지에서 말린 후 장독에 담그면 별 문제가 없다.

냄새가 난다고, 메주가, 장이 달지 않다고 죄다 하얗거나 노란 곰팡이가 핀 것을 좋아라 한다. 장에서는 장맛이 나야 한다. 곰삭은 맛, 짠맛이 나야 한다. 장에서 단맛, 설탕 맛을 원하는 것은 비뚤어진 것이다. 죄다 짝퉁 전통 메주, 일본식 장 담그기를 따른다. 일본식이니 하지 말자는 뜻은 아니다. 하되, 제발 짝퉁 일본식 먹거리를 만들면서 전통, 정통, 고유라는 단어를 붙이지 말자는 뜻이다.

일본식 장, 일본 음식에 대한 비뚤어진 콤플렉스를 잔뜩 지닌 채, 한식의 전통을 이야기하는 것은 슬프다. 조리사들 중에는 일본 유학 몇 년, 일본풍의 음식을 공부한 이들이 적지 않다. 이들이 쉽게, 자의적으로 재단할 정도로 한식은 가볍지 않다.

"사실 일본 음식이 깔끔하고 맛있잖아요. 정갈하고 위생적이고." 이런 이야기 참 많이 들었다. 인정할 것은 인정하자는 말도 참 많이 들었다. 청맹과니다.

일본은 '식품 산업이 발전한 나라'지 음식이 발달한 나라는 아니다.

한복 일을 하는 이와 이야기를 나눈 적이 있다. "한복과 다른 나라 옷이 다른 점이 무엇이냐?"는 질문에 그이가 답한 내용이 재미있었다. "한복은 감추는 옷이다. 드러내는 옷이 아니다. 감추면 감출수록 품위가 난다. 그게 한복이다. 멋을 내는 옷도 아니다. 드러내지 않으면서 저절로 멋이 드러나는 옷이다."

화이불치華而不侈. 화려하지만 사치스럽지 않다.

냉면으로 한식과 '한식의 전통, 정통' 이야기를 한다. 전통, 정통 냉면은
어떤 것일까? 전통 냉면의 최고는 평양냉면일까? 최고의 전통, 정통 평
양냉면은 어떤 것일까?

　마찬가지 질문이다. 한식은 어떤 음식인가? 전통, 정통 한식은 어떤 모
습일까? 우리가 먹고 있는 한식은 과연 전통, 정통 한식일까?

　우리는 최고를 좋아한다. 가장 좋은 '최고最高'도 좋아하고, 가장 오래
된 '최고最古'도 좋아한다. 그뿐일까? 최대最大도 좋아하고, 가장 어린 최
소最少, 가장 많은 최다最多도 좋아한다. 제일 좋은, 최고最高의 냉면 맛집
을 찾고, 가장 오래된 최고最古의 평양냉면 맛집을 찾는다.

김치 국물 냉면, 돼지고기가 든 냉면

•

지금까지 나타난 기록으로는, 조선 중기 문신 계곡 장유(1587~1638년)의 《계곡집》에 나오는 냉면이 가장 오래되었다. 최고最古의 냉면이다.

제목은 '자장냉면紫漿冷麪'이다. 자줏빛 장물醬物의 차가운 국수쯤 된다. 계곡은 이 시에서 "자줏빛 육수가 노을처럼 영롱하고, 옥가루가 마치 눈꽃처럼 내렸다"고 했다. 자줏빛 육수가 무엇으로 만들었는지, 옥가루같이 흰 국수가 어떤 것인지는 알 수가 없다. 그저 노을처럼 영롱한 자줏빛 육수의 냉면이라고 표현했다. 당시의 상황을 고려하면 자줏빛 육수는 오미자 국물이 아닐까 추측한다. 1670년 무렵 집필한 《음식디미방》에서 장계향은 "맨드라미로 붉은 색깔을 낸다"라고 했다. 맨드라미, 오미자 등이 붉은색, 자줏빛을 만들 가장 흔한 소재였다.

18세기 후반, 다산 정약용이 《다산시문집》에서 냉면을 언급한다. '서흥도호부사 임성운에게 장난삼아 지어준 시'라는 제목이다. 이 시에 '납조냉면숭저벽拉條冷麪菘菹碧'이라는 문구가 나온다. "가지런히 당겨 만든 냉면이며, 배추김치는 푸르다." 냉면과 배추김치菘菹(숭저)가 등장한다. 냉면과 배추김치를 같이 언급했음을 통해 냉면의 육수가 배추김치 국물이었음을 추정할 수 있다.

냉면 육수의 원형은 동치미 국물 운운하는 것 역시 틀린 표현이다. "겨울철에 동치미 국물에 냉면을 말아서 이가 시리도록 먹는다"라는 표현역시 특정 시대, 개개인의 체험일 뿐이다. 동치미 국물 대신 배추김치, 꿩고기, 돼지고기, 쇠고기 국물을 두루 사용했고, 사용하고 있다. 동치미가 원형이라는 주장은 설득력이 없다.

다산의 벼슬살이는 1789년부터 1800년 사이 10여 년 남짓이다. 벼슬살이 중 시를 지은 서흥 가까이 혹은 황해도에 몇 차례 간 적이 있다. 이 시는 해주로 과거 고시관考試官 업무차 갔을 때 지은 것이다. 시에 해주 고시관 공무라고 적혀 있다. 시기적으로는 18세기 말, 공간은 해주, 서흥도호부 등 황해도다. '다산의 냉면' 꼬리표다.

1800년 순조가 즉위한다. 조선 말기, 고종 조에서 영의정을 지냈던 이유원이 《임하필기》에서 '순조의 냉면'을 말한다. 순조 즉위 초기, 순조가 냉면을 테이크아웃 했다는 이야기다.

순조는 열한 살의 어린 나이에 국왕이 되었다. 증조모 정순왕후가 대리청정한다. 별 할 일도 없다. 깊은 밤, 갑자기 냉면이 먹고 싶다. 주방의 남자 숙수熟手들은 모두 퇴근했다. 냉면은 어차피 별미다. 궁궐 밖의 냉면을 사다 먹기로 했다. 마침내 냉면을 사 왔는데, 곁에 시립한 이가 뭔가를 숨기고 있다. 돼지고기다. 수육(熟肉)이었을 것이다. 순조가 말한다. "그이는 먹을 것이 따로 있으니 냉면을 줄 필요가 없다."

이유원은, "돼지고기 수육을 숨겨서 혼자 먹겠다 한다고 냉면을 주지 않다니 군왕으로서 순조의 속이 좁다"라고 말한다. 아무리 군왕이지만 열한 살 어린아이다. 열한 살 아이를 두고 속이 좁다고 할 일은 아니다.

냉면은 돼지고기와 더불어 먹었다고 해야 할 것이다. 민간에서는 동치미와 백김치 국물에 말아 먹었더라도 일부는 돼지고기 수육을 먹었을 가능성이 크다. 다산의 '서흥도호부 숭채 냉면'은 1789~1800년 사이, 18세기 말이다. 순조의 즉위 원년은 1800년, 18세기 마지막 해다. '다산의 냉면'과는 불과 10년 정도의 차이다. 동시대에, 다산은 배추김치 냉면을, 순조는 돼지고기 냉면을 말한다. 두 냉면은 섞여서 동시대에 존재했다고 봐야 하지 않을까?

정조 시절 현감을 지냈던 문신 이인행도 냉면에 대한 기록을 남겼다. 이인행은 순조 2년(1802년) 평안도 위원으로 유배를 떠난다. '순조 냉면' 2년 후다. 유배 과정과 유배지의 삶을 날짜별로 기록한 《서천록西遷錄》에 냉면이 등장한다.

"6월 초 이틀. 냉면을 즐기는 것이 이 지방(위원)의 풍습이다. 교맥으로 (국수를)만든 후, 김치(沈菹, 침저) 국물로 (맛을)조절한다. 눈, 얼음이 흩날리는 깊은 겨울에 쭉 마시면 시원하다"라고 했다.

기록을 남긴 날은 6월 2일(음력)이다, 한창 더울 때다. 이날의 기록에 겨울철 냉면을 이야기한다. 교맥은 메밀이다. 김칫국물로 맛을 조절한다고 했다. 눈, 얼음 휘날리는 깊은 겨울에 먹으면(마시면) 좋다고 했다. 평안도 위원도 북쪽의 추운 도시다. 추운 지방의 겨울철 김치면 동치미 혹은 백김치(배추김치)였을 것이다. 순조 2년, 1802년이다. 다산의 냉면, 순조의 냉면과 멀지 않다.

정조 시대 검서관檢書官을 지냈던 실학자 영재 유득공(1748~1807년)의 《서경잡절西京雜絕》에도 냉면은 돼지고기와 더불어 나타난다. 음력 4월의 평양 풍경을 이야기하면서 "냉면과 찐 돼지고깃값이 오르기 시작한다(冷麪蒸豚價始騰, 냉면증돈가시등)"라고 표현했다. 영재는 영조 시대에 태어나서, 순조 7년(1807년)에 죽었다. 정조 시대에 검서관 등 벼슬 생활을 했다. 영재는, 1770년대 혹은 18세기 후반 평양, 평양 언저리를 여행했다.

책에는 그때의 경험을 기록했다. 영재의 평양냉면도 결국 18세기 후반의 기록이다. 다산이나 순조, 이인행의 냉면과 그리 멀지 않다.

냉면은 돼지고기(순조), 김치(이인행), 배추김치(다산), 돼지고기(영재 유득공) 등과 더불어 나타난다. 굳이 냉면에는 '동치미가 전통이자 원형'이라고 이야기할 수는 없다.

평양냉면은 언제 생겼을까?

•

하재 지규식(1851년~?)은 조선 말기, 대한제국 시기, 일제 강점기를 살았던 '분원 업자分院 業者'였다. 관청에 그릇을 납품하던 하재는 정부에서 매각한 분원을 자신의 것으로 운영한다. 19세기 말, 20세기 초 제조업자이면서 공장을 경영한 경영자인 하재는 《하재일기》를 남겼다. 거기에 냉면을 당시 한양(경성)의 길거리 사 먹었다는 기록이 남아 있다. '항라 1필이 30냥, 냉면 한그릇이 1냥'이라는 기록도 여기에 나타난다. 냉면은 19세기 후반, 20세기 초반 한양(경성)거리에서도 널리 팔렸던 음식이다.

일제 강점기, 신문기자가 한밤중에 경성에서 냉면을 배달하고 자신의 체험을 르포 기사로 쓴다. 서울 용산구 언저리에서 처남, 매부가 한밤중 냉면을 먹고 병원에 입원, 결국 두 사람이 사망하는 사고 기사도 등장한다. 냉면은 평양뿐만 아니라 한양(경성)에서도 유행이었다.

일제 강점기인 1920~1930년대에는 경성에서 인천의 유명 냉면집으로 전화를 걸어 냉면을 배달시켰다는 이야기도 전해진다. 인천은 항구

도시다. 당시 인천 언저리에는 유명, 대형 음식점들이 많았다. 그중 냉면집이 서울로 냉면을 배달했다. 냉면 배달에 자전거와 기차까지 동원했다는 전설적인 이야기도 전해진다.

일제 강점기, 냉면은 전국적으로 널리 유행했다. 소설가 이무영(1908~1960년)은 '영남주간기(동아일보, 1935년 5월)'에서 '경남 의령에서 한밤중에 냉면을 배달시켜 먹었다'고 했다. 경성, 평양, 인천뿐만 아니라 남쪽의 지방 도시에도 한밤중 냉면 배달은 흔했다.

평양냉면은 언제 고유명사가 되었을까?

창강 김택영(1850~1927년)은 철종 조에 태어나서 일제 강점기에 죽었다. 고종 시대 벼슬 생활을 한 후, 1905년 나라가 기울자 중국으로 망명했다. 1927년 창강은 중국에서 자결했다. 창강은 관리라기보다 우국지사, 문장가였다. 많은 시문을 남겼다. 문집《소호당집》에 평양냉면이 나타난다. 아마 19세기 말, 20세기 초반의 평양 풍경일 것이다.

"푸른 주발의 고운 면발, 도성 거리 압도하고(碧盌麵絲壓京陌)

홍로주 맛은 개성의 술과 다투네(紅爐酒味狠開州)"

이 시 구절에는 '평양의 풍속에는 메밀 냉면(蕎麥冷麪)을 잘 만든다' '홍로주는 술 이름으로, 감홍로甘紅露이다. 개성開城의 삼후주三候酒는 우리나라 제일 명주'라는 구절이 덧붙여 있다. 푸른 주발의 고운 면발이 곧 냉면이다.

도성 거리(京陌, 경맥)는 한양 지역이다. (평양의)냉면은 서울보다 낫고, 술은 개성보다 낫다는 뜻이다. 한양과 개성은 조선과 고려의 수도다. 평양이 수도는 아니지만, 수도보다 냉면과 술이 낫다는 뜻이다. 별도로 평양 풍속이 메밀 냉면을 잘 만든다고 덧붙였다. 창강은 1905년 망명했다. 창강의 평양냉면은 19세기 말의 것이다. 일제 강점기 이전에 이미 평양냉면이 이름을 얻기 시작했다. 창강보다 100여 년 앞의 사람인 영재 유득공도 평양냉면과 돼지고기를 콕 집어서 이야기했다. 긴 시간 평양은 냉면으로 이름을 얻었다.

일제 강점기의 평양냉면은 냉면 상업화의 시작이다. 평양은 '서북관'의 도시다. 서북관西北關은 평양, 의주, 해주 등이다. 한양 도성에서 북으로 중국을 잇는 선을 말한다. 중국과 조선의 사신들이 오간 지역들이다. 그 지역 중 중심이 평양이다. 북쪽의 문물들이 처음 닿는 곳이다. 당시의 선진적인 문물들이 평양에 쌓였다. 음식도 마찬가지. 중국의 발전한 국수 문화도 평양을 거쳐 한양으로 향했다. 양국의 사신들이 자주, 오래 머무는 곳이다. 음식은 봉제사접빈객奉祭祀接賓客의 주요 도구다. 제사, 손님 맞이에는 반드시 음식이 필요하다. 서북관의 거점 도시들인 평양, 해주, 개성, 사리원 등에 음식 문화가 발달한 이유다.

일제 강점기에도 평양은 대중국 통로였다. 청나라의 선진 문물이 의주, 평양으로 들어왔다. 이미 국수 문화가 꽃핀 곳에 냉면 공장, 당면 공장이 들어섰다. 국수, 냉면 산업이 발달하니 냉면 문화도 생긴다. 일제 강점기 평양의 냉면 전문점들은 경성(서울)에 진출한다. 평양냉면이 이름을 얻은 것이다.

일제 강점기 평양에는 무수히 많은 냉면 집들이 있었다. 냉면 종사자들의 파업도 평양에서 일어난다. 냉면 배달부가 파업, 참다못한 시민들이 항의한다. 경찰서장이 냉면집 주인과 배달부 사이에서 파업을 중재한다. 동아일보 1938년 12월 1일의 기사는 드라마틱하다. 파업 주체는 평양면업노동조합平壤麵業勞動組合. 냉면 산업에 종사하는 노동자들의 모임이다. 240명이 파업을 시작한다. 요구조건은 '11월 18일까지 임금 90전을 1원으로 올려줄 것'이다. 냉면집 주인들은 12월 1일 자로 임금을 올려주겠다고 대안을 제시한다. 중재안(?)이 받아들여졌지만, 냉면집 주인들이 날짜를 12월 10일로 미루면서 상황은 더 꼬인다. 이 기사 중에는 냉면당冷麵黨이라는 표현이 나온다. 냉면 마니아다. 일제 강점기 평양에는 이미 냉면 마니아들이 있었다.

다시 묻는, 평양냉면이란?

•

2018년 4월 북한의 김정은 국무위원장이 남측 일행에게 평양 '옥류관'의 평양냉면을 선보였다. 그날 낮, 서울의 냉면집 앞에는 긴 줄이 늘어섰다. 방송, 신문, 인터넷 등에서도 '북한 옥류관의 평양냉면'에 대한 찬사가 줄을 이었다. 과연 이날 선보인 평양냉면이 평양냉면의 정통 계보를 잇는 전통, 정통 평양냉면일까?

면 색깔이 검었다. 면이 검은 것은 메밀 겉껍질을 태워서 넣거나 색소를 넣어야 한다. 이런 방법이 아니라면 이 정도로 검은 색깔의 냉면은 불가능하다. 이날 선보인 옥류관의 평양냉면은 우리가 서울에서 만나는 평양냉면의 색깔과는 달랐다.

서울에도 새터민(탈북민)들이 내놓는 평양냉면이 많다. 짧게는 10년 이내에 탈북한 이들이다. 서울에는 한국전쟁 당시 월남하여 정착한 실향민도 있다. 실향민이든, 탈북민이든, 새터민이든 북한에서 살았던 사람들, 북한에서 냉면을 먹었거나 만들었던 사람들이다. 이들 중에는 "북한 '고난의 행군' 시절 냉면 면발이 달라졌다"라고 말하는 이도 있다. 새터민 혹은 실향민들이 서울에서 만드는 냉면이 이 정도로 검은 경우는 드물다. 남쪽의 냉면과는 확실히 달랐다. 예전과 달라진 것이다.

냉면 가락에 식초와 겨자를 곁들인다고 했다. 북측 사람 중에는, 식초, 겨자를 발라 먹는 것이 냉면을 제대로 즐기는 법이라고 말하는 이도 있었다. 그렇지는 않다.

서울의 냉면 집 중에는 '대미필담大味必淡'이라고 써 붙인 집이 있다. 제대로 된 맛은 담백함이라는 뜻이다. 흔히 평양냉면을 이야기할 때 슴슴한 맛, 뭔가 부족하지만 깊은 맛이라고 표현한다. 육수의 맛을 두고 강한 맛이라고 표현하지는 않는다.

식초와 겨자는 모두 강한 맛이다. 쇠고기 육수든 메밀국수 가락이든 식초와 겨자의 맛을 이길 수는 없다. '옥류관의 냉면'이라고 다르지는 않다. 역시 식초, 겨자의 맛을 이길 수는 없다. 냉면에, 맛이 강한 식초, 겨자를 더하면, 냉면 맛은 식초, 겨자 맛이 되어버린다. 우리가 만났던, 만나고 있는 평양냉면과는 다르다. 냉면을 기록한 어떤 내용에도 식초, 겨자가 나타나진 않는다. 이런 냉면을 두고 전통, 정통 평양냉면이라고 할 수 있을까?

그렇다고 해서 2018년 4월, 평화의 집에서 선보인 평양 옥류관 냉면이 평양냉면이 아닐까? 그렇지는 않다.

한국전쟁 후, 평양에서 꾸준히 변화한 평양냉면이다. 서울의 실향민, 새터민들이 만드는 평양냉면도 마찬가지다. 북한에 살다가 남쪽으로 와서 만드는 평양냉면이다. 물론 변화하고 발전한다.

북한의 평양냉면도 꾸준히 변화한다. 북한의 평양냉면, 쉽게 만날 수 없는 음식이다. 자주 갈 수도, 쉽게 먹을 수도 없는 음식이다. 깊게 정확하게 알 수는 없다. 북한에서 평양 옥류관 냉면을 먹어본 이들의 이야기를 듣고 사진을 통하여 미루어 짐작할 수밖에 없다.

일제 강점기를 지나고 해방 후부터 1990년대 고난의 행군 시절까지 북한에 있었던 평양냉면이 있다. 북한에서 수백만 명의 아사자가 나오던 시기다. 고난의 행군 시절을 지나며 북한의 평양냉면은 달라진다. 1990년대 초, 중반 탈북한 이들은 그 이전의 평양냉면을 기억한다. 이들이 서울에서 문을 연 북한 음식 전문점 혹은 평양냉면 전문점들이 내놓은 평양냉면을 보면, 서울의 '평양냉면 맛집'들과 비슷하다. 비슷한 음식이 나온다. 서울의 평양냉면집들과 비슷한 평양냉면을 먹었고 또 서울에서 만들고 있다는 뜻이다.

2000년대를 지나면서 북한 평양의 평양냉면은 급격히 달라진다. 김정은 시대 북한에서 내놓았던 평양냉면도 달라진다. 북한의 경제 상황과 관련이 있을 것이다.

영재 유득공과 창강 김택영의 평양냉면과 2018년 4월 김정은 국무위원장이 내놓은 평양냉면은 전혀 다르다. 어느 것이 전통, 정통의 평양냉면일까? 달라지고 있으며 변화, 발전하고 있다고 말해야 한다. 전통, 정통, 최초, 최고를 따지는 일은 이토록 허망하다.

어떤 것이 전통이라고 할 수 없다

•

'우래옥'은 현존하는, 가장 오래된 서울의 평양냉면집이다. 일제 강점기에도 경성(서울)에 평양냉면집들이 흔했다니 우래옥이 가장 오래된 집은 아니다. 1949년 창업한 우래옥 이전의 냉면집들이 다 문을 닫았으니 '현존하는' 가장 오래된 집이다.

우래옥은 처음에는 돼지고기 수육을 고명으로 얹었다. 육수도 돼지고기 위주로 만들었다. 손님들이 항의한다. 왜 쇠고기를 사용하지 않느냐고. 쇠고기, 돼지고기를 섞는 거로 바뀐다. 이게 좋은 건지 나쁜 건지는 손님들이 판단할 일이다. 그야말로 '개취'다.

옥류관의 평양냉면도 마찬가지. 메밀 함량은 50%를 넘어서지 않는다. 메밀 함량이 높은 경우 면발이 반짝거리지 않는다. 표면은 검은색으로 반들반들했다. 전분 등의 함량이 높다는 뜻이다. 먹는 이들도 질겼다고 했다. 역시 전분의 효과다.

2000년대 초반, 북경에서 평양냉면을 먹을 때 봉사원들은 "평양냉면은 가위로 자르는 것이 아니라 입술로 끊어서 먹는 것"이라고 얘기했다. 2018년에 본 옥류관의 냉면은 입술로 끊어서 먹기 힘들어 보였다. 달라진 것이다.

외식업체에서 사용하는 제분기도 나날이 발전한다. 200만 원대의 제분기가 170~180메슈 정도로 메밀을 제분한다. 맷돌 원리를 이용한 제분기도 나왔다. 곡물에 전하는 열이 달라진다. 100% 메밀 냉면, 메밀 막국수도 가능하다. 실제로 100% 메밀국수를 내놓는 집들이 제법 많다. 기계가 달라지면 맛도 달라진다.

최고의 코미디는 '꿩고기 육수로 만든 평양냉면'이다. 일제 강점기 언저리에 꿩고기를 냉면 육수로 사용했다. 꿩 대신 닭이다. 꿩은 야산에서 잡으면 되지만 닭은 기른 것을 잡아서 사용한다. 꿩은 공짜지만 닭은 재산이다. 꿩을 구할 수 있으면 꿩을 쓰고, 못 구하면 닭을 쓸 수밖에 없다. 조선시대 기록에는 돼지고기, 동치미, 백김치, 김칫국물 등은 나타나지만 꿩고기를 냉면 육수로 썼다는 기록은 없다. 꿩고기 냉면이 일제 강점기의 추억이라고 판단하는 이유다.

"꿩고기를 육수로 사용하는 때도 있었다"라고 말하는 것이 옳다. "평양냉면의 전통은 꿩고기"라고 말하는 것은 코미디다. 특정 시기의 개인적인 경험을 일반화한 것이다.

고기도 달라지고, 심지어 메밀 품종도 달라졌다. 국산보다 수입 메밀이 더 흔한 세상이다. 수입 지역도 몽골, 중국 등으로 다르다. 메밀이 각각 다르다. 고기, 채소, 메밀 등이 모두 달라졌다. 계곡 장유, 다산 정약용, 영재 유득공, 순조, 이인행, 하재 지규식, 창강 김택영, 소설가 이무영의 냉면이 각각 다르다. 북의 냉면도 시기별로 다르다.

냉면, 한식은 끊임없이 변하고 발전한다. 어느 것이 정통, 전통이라고 할 수는 없다. 겉모양의 전통, 정통보다는 시대별로 바뀌는 냉면을 바라

보는 편이 오히려 재미가 쏠쏠하다. 그중 개인적인 취향대로 골라서 먹으면 될 일이다.

한식의 정신을 찾을 일이다
·

우리가 살릴 것은 전통이 아니다. 한식이 지니고 있는 정신, 함의다. 한식도 냉면과 마찬가지다. 한식의 특질은 '끊임없이 변화, 발전'하는 것이다.

고추는 남미, 유럽, 일본을 거쳐 한반도로 들어왔다. 오늘날 고춧가루를 많이 넣은 채소 발효 음식, 김치는 한식을 대표하는 음식이다. 유네스코 인류무형문화유산 대표 목록으로 오른 것은 김치, 김장이 아니다. 김장 문화(Kimjang: Making and Sharing Kimchi in the Republic of Korea)다. 한식의 대표 음식을 찾을 일이 아니다. 변화, 발전하는 한식의 특질, '한식의 정신', 문화를 찾을 일이다. 김치의 재료인 배추는 완전히 달라졌다. 김장에 사용하는 결구 배추는 한반도에 정착한 지 60년 정도다. 이전에는 모든 김장, 김치를 비 결구 배추, 즉 속이 차지 않는 것으로 만들었다. 한국 전통 배추라고 부르는 청방 배추는 우장춘 박사(1898~1959년)가 만든 것이다. 우장춘 박사는 1950년 일본에서 귀국했다. 불과 10년의 세월. 그는 무, 배추 품종을 개발했고, 일본에서 이미 개발되었던 씨 없는 수박도 한국에 소개했다. 우장춘 박사가 일본에서 육종학을 공부했으니 그 결과물인 채소 품종들이 어디 것이냐를 따지자는 것이 아니다. 1950년 전에는 한반도에 결구 배추가 없었다는 뜻이다. 1950년대 시작된 결구 배추인 청방 배추가 오늘날 우리가 사용하는 결구 배추가 된 것이다. 식재료는 변하고 발전한다. 어디가 먼저인가를 따지는 것은 어리석다.

고추는 아직 500년이 되지 않았고, 생강, 마늘도 수십 년 전 품종과는 전혀 다르다. 젓갈은 인도차이나반도(베트남?)에서 유래한 것이고 한반도 천일염의 역사도 100년 정도다.

식재료 하나하나를 두고 전통, 정통, 최초, 최고를 고집하는 것은 어리석다. 음식이나 김치도 마찬가지다. 외국에도 김치류는 있었고 지금도 있다. 중국의 자차이(榨菜, 작채)나 일본의 츠케모노(漬物, 지물)도 넓은 범위에서 김치, 지漬 종류다.

전통, 정통을 찾아 헤매고 '세계 최초'를 고집하는 것은 허망하다. 김치의 끊임없이 변화, 발전하는 힘과 다양함을 특질로 내세울 일이다.

김치, 김장, 냉면이 그러하듯이 한식도 마찬가지다. 오래전의 음식을 복원하고 따라 할 일이 아니다. 복원의 대상은 고분古墳이지 음식이 아니다.

한식을 위한 변명

한식의 정체성, 특질은 무엇일까?

한식의 정체성은 고려, 조선시대를 거치면서 공통되게 나타나는 밥상의 특질과 원칙을 찾아내는 데서 출발해야 한다. 옛 음식을 복원하자는 것이 아니다. 옛 음식을 만들었던 정신을 찾자는 뜻이다.

조선왕조실록 세종 5년(1422년) 5월 17일의 기록에는 태상왕수륙재에 대한 내용이 있다. 세상을 떠난 태상왕은 태종이다. 세종으로서는 귀한 행사다. 참석 인원 등에 관한 내용이 나오고 곧이어 음식 배설에 관한 내용이 있다.

> "'대언代言과 속고치(速古赤) 외에는 반상飯床을 사용하지 아니하고, 반상에는 다섯 그릇을 넘기지 않을 것이요, 진전眞殿과 불전佛前 및 승려 대접 이외에는 만두饅頭, 면麵, 병餠 등의 사치한 음식

은 일체 금단하소서' 하니, 그대로 따랐다."

대언은 고려 시대에도 있었던 관제로 조선시대 승지에 해당한다. 속고치는 국왕의 사적 비서쯤 된다. 이 사람들 외에는 밥상(飯床, 반상)을 주지 말라는 뜻이다. 아울러 대언과 속고치의 밥상 반찬 숫자는 다섯 그릇으로 제한한다. 나머지는 밥상도 받지 못했다. 그들이 받았던 반찬 없는 밥상, 백반은 밥과 탕, 김치, 장류, 식초 등만 있는 밥상이다. 한 접시, 두 접시라고 따질만한 반찬, 즉 오늘날의 요리로 셈하는 반찬이 없었다는 뜻이다. 만두, 면(국수), 병(떡)은 귀하니 국왕과 불전, 승려에게만 내놓으라고 했다. 만두, 국수, 떡은 밥상의 기본인 밥을 넘어서는 특식特食이다. 세종대왕의 태상왕 태종의 수륙재 밥상은 오늘날 우리가 만나는 밥상의 원형으로 볼 수 있다. 고려의 문물이 채 지워지지 않았던 시대다.

1422년. 조선 건국 후 30년이 흘렀다. 국가 재정도 넉넉지 않고 먹을 것도 귀하다. 유교 국가 조선의 정체성이 서서히 자리 잡는 시기다. 여전히 고려의 그늘이 남아 있지만, 조선이 조선으로서의 정체성을 찾아가는 시기다. 계급에 따라 백반, 5기 밥상, 국수·만두·떡까지 있는 밥상으로 차등을 두었다. 궁궐의 국가적 주요 행사에서 고급 관리들까지 '반찬이 없는 백반'을 먹었다. 옳고 그름을 떠나 조선의 밥상은 신분에 따라 밥상의 내용이 달라졌다. 이게 바로 유교적 질서를 구축하는 도구로서 밥상, 유교 철학적인 의미를 더한 한식의 출발인 것이다.

한식의 특질 중 하나는 삭힘 음식이다

·

한식에 대해서 비교적 체계적으로 정리한 책은 탁청정 김유(1491~1555년)의 《수운잡방需雲雜方》이다. 1540년 무렵 쓴 책이다. 중종 시절, 임진왜란 50년 전이다. 탁청정은 이 책에서 장류, 식초, 각종 술, 정과正果 등의 음식을 가지런히 정리했다. 한식의 바탕인 장지초醬漬醋 중 장과 식초를 넓게 다루었다. 이 책의 전체적인 내용은 한식의 특질인 '삭힘'을 잘 보여 준다.

음식 관련 TV 프로그램에서 '한식의 삭힘 음식'에 대해서 이야기하는 걸 본 적이 있다. 몇 명의 조리사가 출연했다. 최근 유럽에서 조리 공부를 한 조리사가 말했다.

"유럽의 어느 식당에서 일했다. 한식의 특징이 뭐냐고 묻더라. 한식의 특징은, 삭힘 음식, 발효라고 했더니 상대가 웃더라. '세상에 발효 음식을 사용하지 않는 나라가 어디 있느냐'고. 서양의 치즈, 버터부터 와인까지 모두 발효 음식이라고 말하더라."

대략 이런 내용이었다. 프로그램에 출연한 다른 조리사들이 모두 맞장구를 쳤다. "삭힘 음식이 한식의 특질이라고 말하는 것은 음식을 모르는 무지한 까닭"이라고 의견 통일을 했다. 심지어 글로 그런 주장을 전하는 이도 있다.

그야말로 무지한 까닭이다. 한식의 특질은 삭힘 음식이다.

젓갈은 동남아시아에서 한반도로 전래하였다는 것이 다수설이다. 한반도의 젓갈 문화는 외부에서 전래하였지만, 한반도만의 특징적인 젓갈 문화로 발전한다. 대표적인 것이 명태를 이용한 젓갈이다. 명태 한 종류로 우리는 네댓 가지의 젓갈을 만든다. 명태 알로 명란젓을 만들고 창자로 창난젓, 아가미로 아감젓을 만든다. 살도 마찬가지다. 신선한 명 태살을 김장에 썰어 넣는다. 명태만 사용하는 것도 아니다. 동해안에서 는 명태, 갈치, 가자미, 도루묵 등을 김장, 김치에 넣는다. 갈치 김치, 명 태 김치, 가자미 김치, 도루묵 김치를 만든다. 생선 자체로 젓갈을 만들 기도 한다. 다양하다. 이토록 다양한 생선 발효를 사용하는 국가, 민족 은 없다.

새우젓갈도 마찬가지. 오젓과 육젓을 나누고 추젓까지 만드는 나라는 없다. 이른 봄, 강화도에서는 곤쟁이 젓갈을 담근다. 조선시대에는 궁궐 에서 곤쟁이 젓갈을 특별히 취급했다. 귀하게 여겼다는 뜻이 아니다. 곤 쟁이 젓갈을 별도로, 다르게 취급했다는 뜻이다. 이제 곤쟁이 젓갈을 별 도로 사용하는 경우도 드물다. 삭힘 문화는 오히려 사라지고 있다.

전어 위장으로 담그는 전어밤젓, 갈치 내장으로 담그는 갈치속젓의 각각 다른 맛을 모르는 무늬만 조리사인 사람들이 방송에 나와서 한식 의 삭힘 음식, 삭힘 문화를 멸시하지 말아야 한다. 게웃젓을 보고 "이걸 왜 먹어야 하느냐?"고 되묻는 젊은 조리사를 본 적이 있다. 외국에서 조 리사 공부를 하면서 정작 배워야 할 한국 음식, 한식은 배우지 않았던 터 다. 전복 내장 젓갈 운운하니, "왜 이걸 꼭?"이라고 물을 수밖에. 귀하니 까 혹은 우리 것이니까, 라고 주장할 필요는 없다. 한반도에서 생산되는 각종 식재료로 여러 가지를 만들고, 모든 식재료를 귀하게 여기면서, 다 양한 음식을 만들었던 한식의 정신은 잊지 말자는 뜻이다.

우리는, 오징어, 꼴뚜기부터 각종 조개 젓갈까지 숱한 생선, 어패류를 먹었고 지금도 만들고 있다. 각종 장아찌 등도 다양하다. 대부분 식물의 뿌리, 잎, 줄기, 열매를 발효시킨다. 장아찌류다.

한반도의 젓갈은 수백, 수천 종류다. 몇몇 생선을 발효시켜 젓갈로 만드는 유럽 등과는 전혀 다르다. 유럽은 청어로 만든 수르스트뢰밍 surströmming과 이탈리아의 안초비anchovy 정도가 널리 알려진 생선 발효 식품이다. 종류와 쓰임새로 따지자면 비교가 되지 않는다.

한식의 특질 중 하나는 다양한 삭힘 음식이다. 유럽인들이 포도를 발효시켜 와인을 만들 때 우리는 쌀을 발효시켜 막걸리를 만들었다. 쌀이 귀했던 시절, 좁쌀도 널리 사용한 막걸리 재료였다. "아해야, 박주산채일 망정 없다 말고 내어라"라고 할 때의 박주薄酒는 흐린 술, 농도가 낮은 술, 질이 떨어지는 막걸리다. 변변치 않은 술이라는 뜻이다. 그러나 이런 술도 귀하게 여겼다.

수백 가지의 김치도 마찬가지다. 모두 발효 음식, 삭힘 음식이다. 우리의 김치와 서양의 피클pickle을 비교해보라. 피클은 초절임이 원칙이다. 오이, 양파, 무, 양배추, 올리브 등 단단한 채소 혹은 과일 등을 이용한다. 대부분이 초절임 형식이다. 식초에 절인다. 강제로 발효의 맛을 더하는 식이다.

우리는 오래전부터 초절임과 젖산 발효를 동시에 이용했다. 초에 절이거나 자연 발효를 이용했다. 김치는 젖산 발효다. 배추, 무, 각종 열매를 간장이나 식초에 절이기도 했다. 매운맛도 마찬가지. 고추가 없던 시절이라고 매운맛을 취하지 않았을까? 고추가 없던 시절에는 산초로 매운

맛을 냈다. 고추가 유입되면서 고춧가루가 들어간 김치를 만들고 한편으로는 산초를 넣은 김치도 발달했다. 산초장아찌와 벌건 김치가 동시에 나타난다. 모두 삭힌 음식이다.

'국물이 있는 채소 삭힘 음식'은 외국에서는 보기 드물다. 겨울철 동치미는 무도 삭혀서 먹지만, 동치미 국물도 사용한다. 여름철의 나박김치도 마찬가지다. 미나리 줄기, 잎을 넣어서 향을 살린 김치를 보면 탄성이 나온다. 무도 통째로, 갈라서 혹은 총각김치, 달랑 무 김치 등등 숱한 종류가 있다.

이게 한식의 삭힘 음식이다. 어떻게 몇몇 종류의 삭힘 음식을 이용하는 유럽과 비교할 것인가?

한식이 걸어온 고단한 길

•

조선 건국(1392년) 이후 200년의 세월이 흘렀을 때 임진왜란이 발생한다. 조선 건국부터 임진왜란(1592년)까지, 2백 년 동안 조선은 급격히 변화한다. 초기 태종-세종의 시대를 거쳐 성종 무렵 국가의 기틀이 세워진다. 조선이 일로번창一路繁昌하는 시기다. 연산군 같은 폭군이 있었음에도 조선은 성장의 길에 접어들었다.

한식은 이 시기에 제대로 자리를 잡는다. 탁청정 김유가 기술한 내용은 술과 더불어 장류와 김치(漬) 등이다. 장과 김치는 우리 음식의 기본이다. 한식의 맛은 예나 지금이나 장맛이다. 음식은 장맛이고 장맛은 집

집이 다르다는 평범한 의제가 바로 한식을 규정한다.

조선의 1차 성장, 한식의 1차 성장은 임진왜란까지다.

1592년 임진왜란이 일어났다. 나라는 도륙을 당했다. 질서는 무너졌다. 1597년 정유재란이 있었다. 1627년 정묘호란이 발발했다. 그로부터 9년 후인 1636년, 병자호란이 일어났다. 50년도 되지 않는 기간에 네 번의 큰 전쟁이 있었다. 나라가 무너지지 않고 버티는 게 희한할 정도였다.

1670년 무렵. 임진왜란 후 70년의 세월이 흘렀다. 병자호란으로부터 겨우 30년의 세월이 흘렀다. 전쟁의 상처가 아물기 전이다. 정부인 안동 장씨, 장계향(張桂香, 1598~1680년)이 《음식디미방》을 남겼다. 그야말로 요리책, 조리책이라고 불러도 좋을 정도로, 여러 가지 음식 만드는 법을 상세히 기록했다. 탁청정이 대강을 보여주었다면, 정부인 안동 장씨는 세세히 레시피를 적었다.

탁청정과 정부인 안동 장씨의 공통점은 음식을 '봉제사접빈객奉祭祀接賓客'을 위한 중요한 도구로 여겼다는 점이다. 음식은, 손님맞이, 제사 모시는 주요한 도구라는 생각이다. 두 사람이 책을 남긴 이유이기도 하다.

임진왜란, 병자호란부터 정조가 승하하는 1800년까지는 두 개의 전혀 다른 시기로 나뉜다. 하나는 17세기 대기근의 시대고 또 다른 하나는 18세기 조선의 르네상스 시대다.

학자들은 1450년부터 1850년까지를 지구의 소빙하기小氷河期(Little Ice Age)로 추정한다. 지역마다 편차가 있다. 더러는 1250년 무렵부터 소빙하기가 시작되었다고 주장한다. 빙하기에는 지구 전체의 기온이 떨어진다. 기온이 떨어지면 작물은 잘 자라지 못한다. 기아가 찾아온다. 지구 여기저기서 작물 흉작, 대규모 기아가 발생한다. 가뭄, 홍수, 장마, 한파, 한여름의 우박, 이상한 달무리 등이 지구 여기저기서 나타난다.

조선의 17세기, 100년도 바로 대기근大饑饉의 시기다. 전쟁과 더불어 소빙하기의 대기근이 닥쳤다. 굶어 죽는 사람들이 속출한다. 경신대기근에 인구의 10%인 1백만 명이 기아 혹은 역병으로 죽었다. 오죽했으면 임진왜란을 겪은 사람 중에는 "기근이 왜란보다 더 무섭다"라는 이도 있었다.

병정대기근(인조 4~5년, 1626~1627년), 계갑대기근(효종 4~5년, 1653~1654년), 경자-신축년의 대기근(현종 1~2년, 1660~1661년), 경신대기근(현종 11~12년, 1670~1671년), 을병대기근(숙종 21~22년, 1695~1696년)이 줄을 이었다. 모두 17세기에 몰려 있다. 이중 경신대기근과 을병대기근이 특히 참혹했다고 전해진다.

다른 나라도 참혹했다. 1845년, 아일랜드의 감자 대기근 때 아일랜드 인구의 상당수가 굶어 죽었다. 상당수는 아메리카 대륙으로 이민을 떠났다. 위험한 대서양 항해보다 기근이 더 무서웠다.

일본은 더 참혹했다. 약 200년 동안 4대 대기근에 시달렸다. 간에이 대기근(1642~1643년), 교호 대기근(1732년, 아사자 97만 명), 텐메이 대기근(1782~1787년, 아사자 200만 명), 덴포 대기근(1833~1839년) 등이 줄을 이었다. 텐메이 대기근이 가장 참혹했다.

일본인들이 인육人肉을 먹었다는 것은 텐메이 대기근 때의 이야기다. 조선의 경우, 경신대기근 때 인육 식육의 이야기가 전해진다.

조선은 곧 안정을 되찾는다. 영조, 정조 무렵의 환곡이 1천만 석이었다는 주장도 있다. 대기근의 시기를 넘긴 18세기에는 국가 재정이 상당히 좋아졌음을 알 수 있다.

기근이 끝나는 17세기 후반부터 정조대왕이 승하하는 1800년까지의 100년은 조선의 중흥기다. 세계적인 18세기의 대변혁은 조선의 르네상스와 겹친다. 전쟁과 전쟁보다 더 참혹했던 대기근의 시대를 거치면서 무너졌던 경제가 숙종－(경종)－영조－정조 대를 거치면서 복원, 중흥된다. 한식도 재정립된다. 정조대왕 시절 완성된 밥상의 결정체는《원행을묘정리의궤園行乙卯整理儀軌》에 나타난 혜경궁 홍씨의 환갑날 아침 밥상이다.

혜경궁 홍씨의 회갑연은《음식디미방》으로부터 120년 후에 있었다. 1795년(정조 19년) 윤이월 9일부터 16일까지 화성(華城, 지금의 수원)에서 있었던 모든 행사내용은《원행을묘정리의궤園幸乙卯整理儀軌》에 남아 있다. 여기에 남아 있는 혜경궁 홍씨의 회갑연 무렵 밥상은 한식 밥상의 완성이다.

'1795년'은 여러 가지로 의미가 있다. 혜경궁 홍씨의 환갑, 정조대왕은 재위 20년을 앞두고 있다. 아버지 사도세자의 신원伸冤 문제도 있다. 수원 화성도 완공되었다. 나라 살림살이, 국왕의 개인적인 살림살이도 넉넉하다.

이런 상황에서 맞이한 홀어머니 혜경궁 홍씨의 환갑이다. 음과 양이 균형을 잡은 16기 밥상. 환갑날의 밥상이다.

검이불루, 화이불치儉而不陋, 華而不侈.

"검박하나 누추하지 않고, 화려하나 사치스럽지 않다."

혜경궁 홍씨의 환갑날 밥상이 바로 그러했다.

정조가 승하하는 1800년을 정점으로 조선은 몰락한다. 1800년부터 대한제국 말기까지의 약 100년은 조선이 무너지고, 조선의 한식이 무너지는 시기다.

사색당파가 나라를 무너뜨렸다는 말은 엉터리다.

숙종 시대, 몇 번의 환국換局이 있었다. 영조는 탕평을 이야기했지만, 한계가 있었다. 영조는 노론에 의해서 추대되었다. 조정에는 노론을 필두로 사색당파가 여전히 있었다. 탕평은 오히려 여러 당파가 있었음을 보여준다. 정조도 마찬가지. 남인을 기용하고자 했지만, 조정은 여전히 노론이 득세하고 있었다. 사색당파도 있었다.

순조부터 조선이 무너지는 조선 말기까지는 노론 일파, 그중에서도 장동 김 씨의 세도정치였다. 사색당파는 무너지고 당파 싸움은 사라졌다. 노론 일파의 독점 체제였다.

신하들이 왕을 뽑았고, 관리했다. 순조는 열 살에 왕위에 올랐다. 증조할머니 정순왕후와 신하들이 수렴통치를 했고, 세도정치가 시작되었다.

24대 헌종(재위 1834~1849년)은 8세에 즉위했다. 헌종은 불행했다. 아버지 효명세자孝明世子는 헌종이 4세 때 돌아가셨다. 할아버지 순조 역시 헌종이 8세 때 서거했다. 아버지도 없이, 할아버지로부터 왕권을 받았다. 재위도 불과 15년 남짓. 그중 반은 수렴청정. 15세 때 왕권을 찾았지만,

힘이 없었다. 반은 할머니와 노 대신들이 수렴청정. 할아버지 순조 때부터 시작된 세도정치를 막을 힘은 없었다. 23세로 졸. 후사는 없었다.

철종. 항렬 상으로 헌종의 7촌 아저씨. 불행히도 세상을 떠날 때까지 글자를 익히지 못했다. '강화도령'을 왕으로 만든 것은 신하들이다. 왕이 신하를 고르는 것이 아니라 신하들이 왕을 만들었다. 정치는? 일당독재. 세도정치였다.

'왕의 밥상'이 무슨 의미가 있었을까? 한식의 출발은 법도法度와 법제法製다. 사회 시스템이 무너지면 음식도 무너진다. "검박하나 누추하지 않고, 화려하나 사치스럽지 않은 음식"이 한식이다. 한식은 무너진다. 상류층은 경박하고 화려하면서 사치스러운 음식을 먹는다. 곤궁한 이들은 굶어야 한다.

먹고 살 것이 있어야 식문화도 나온다

•

순조(재위 1800~1834년) 말기, 불과 30년 만에 환곡 1천만 석은 8백만 석으로 줄어든다. 그나마 '서류상의 숫자'일 뿐 상당수는 허수였다. 장부에는 환곡이 있으나 실제로는 없는 경우다. 실제로는 2백만 석이었을 것이라는 주장도 있다.

환곡의 정상적인 이자는 연 10%였다. 이 이자도 터무니없이 올라간다. 각종 조세, 부역은 견딜 수 없을 정도였다. 부랑민, 떠돌이는 도둑이 되었다. 사회 시스템은 무너지고 민생은 피폐해지고 있었다. 곡간에서 인심 난다. 먹고 살 것이 있어야 식문화도 나온다. 1800년 이후 조선은 무너졌다. 음식이 무너지지 않을 리 없다.

엎친 데 덮친 격으로 외세는 급격히 밀려들고 있었다.

'망국의 100년' 동안 음식도 무너진다.

남으로는 왜(倭)가, 북으로는 청나라를 통하여 서양의 문물이 들어왔다. 조선은 자체적인 필터링 기능을 잃었다. 외래문물이 무분별하게 들어왔다.

조선 후기, 일본이나 청나라와 교역에 참여했던 중앙의 고위 관리들, 무역업자 혹은 통역관이었던 역관(譯官)들은 거대한 부를 거머쥐었다. 이들은 자신들의 부를 바탕으로 호화로운 가옥 혹은 밥상을 만들었다. 무너진 왕조다. 눈치 볼 일도 없다. 터무니없이 화려한 밥상도 나타난다. 드라마 〈상도(商道)〉의 주인공 임상옥이 대표적이다.

대중국 인삼 무역상 임상옥(林尙沃, 1779~1855년)은 조선시대 최고의 거부다. 임상옥의 밥상은 국왕의 밥상보다 훨씬 호화로웠다고 전해진다. 임상옥은 이조판서 박종경과 연계, 그 그늘에서 장사했고, 거부가 되었다. 나중에는 국왕 순조의 간청(?)으로 1832년 곽산부사 노릇도 했다. '순조-헌종-철종-고종-순종'으로 이어지는 망국의 100년 중 순조는 첫머리다. 임상옥은 순조 조의 사람이다. 이미 순조 조에 조선의 질서가 무너지고 밥상도 무너지고 있었음을 알 수 있다.

임상옥의 밥상에서도 중국, 일본식 음식들을 흔하게 발견할 수 있었다고 전해진다. 임상옥이 잔칫날 차린 밥상은 무려 40기에 가까웠다. 한식의 정체성과는 거리가 먼 외래 음식도 많았다.

혜경궁 홍씨의 환갑날 밥상이 16기다. 그로부터 50년 후인 19세기 중반 임상옥의 밥상이 40기에 가깝다는 사실은 이 시기 이미 한식 밥상이 무너졌음을 증명한다. 이 밥상에도 청나라에서 들어온 신선로가 있었다. 정조도 이미 신하들과 청나라의 '난란회'를 본떠서 고기를 상당히 자주 먹었다고 알려졌다. 할아버지 영조대왕의 밥상과는 달랐다. 조선의 밥상, 궁중음식도 이미 변화하고 있었다.

《원행을묘정리의궤園行乙卯整理儀軌》에 상세히 나와 있는 혜경궁 홍씨의 환갑날 아침 밥상의 의미는 '평平'이다. 음陰이 8기, 양陽이 8기. 화려하지도 않고 대단한 식재료를 사용한 것도 아니지만 '평'의 상태를 잡은, 제대로 된 한상차림이었다. 그러나 법도가 무너진 밥상들은 기준도 없고 의미도 없다. 진귀한 재료를 구하고 화려하다. 겉은 번드르르한데 정신은 잃었다.

조선 후기의 《진연의궤進宴儀軌》, 《진찬의궤進饌儀軌》를 참고로 삼는 경우가 많다. 흔히 등장하는 궁중음식들도 주로 조선 후기의 자료에 의존하고 있음도 눈여겨봐야 한다. 조선 후기의 왕실 음식에도 정리되지 않은 외국 음식들이 상당수 들어 있다. '순조-헌종-철종-고종-순종'으로 연결되는 시기의 음식을 모두 한식이라고 할 수 있는지도 살펴야 한다. 한 번도 필터링하지 않은 음식들이다. 무분별하게 받아들인 음식들을 이제라도 되살펴 보아야 한다.

뒤섞인 한식

•

36년간의 일제 강점기. 이민족에 의한 잔혹한 수탈이 있었다.

오늘날에도 문제가 되는 '일제 잔재'는 일본 제국주의 시절, 일제 강점기의 일본식 문화 잔재를 뜻한다.

불행은, 한반도의 '근대화'가 이민족, 일본 제국주의자들에 의해서 이루어졌다는 점이다. 생활 전반의 근대화가 일제가 원하는 대로 진행되었다. 태어나서, 교육받고, 결혼하고, 일하고, 마지막 장례와 제사까지, 사람의 일상적인 삶이 모두 일제의 식민통치, 일제가 생각하는 근대화 모델 아래 이루어졌다. 일제가 한반도를 근대화시킨 이유는 간단하다. 수탈을 좀 더 많이, 좀 더 편리하게 하기 위해서다.

장례, 장례 절차는 일제의 허울뿐인 '한반도 근대화'와 수탈, 한민족 문화의 파괴를 정확하게 보여준다.

우리의 장례는, 상주喪主는 '부모님 혹은 집안의 어른을 제대로 모시지 못한 죄인'이라는 전제 아래 진행한다. '불효'가 장례의 시작점이다. 상주가 험한 옷을 입고, 험한 음식을 먹는 이유다. 고기와 술을 멀리하고, 몇 년씩 시묘侍墓하는 이유다. 부모님을 살아생전 제대로 모시지 못했고, 효도를 다 하지 못했으니 돌아가신 부모님 묘소에서라도 부모님을 봉양하는 일을 해낸다는 뜻이다.

거친 옷은 삼베옷이다. 굴건屈巾은 짚이다. 험한 모자(冠, 관)라는 뜻이다. 삼베옷은 죄인의 수의囚衣다. 망국의 죄인 마의태자도 삼베옷을 입었다. 이름도 '마의麻衣'다. 부모님을 돌아가시게 한 상주도 죄인이다. 삼베옷을 입는다. 일제는 이 삼베옷, 수의를 돌아가신 분들이 입게 했다.

부모님을 최대한의 정성으로 모셔야 한다. 그런데 죄인의 옷인 수의라니? 일제는 '죄인'인 상주와 돌아가신 분을 뭉뚱그려 삼베옷을 입게 했다. 이유는 간단하다. 수탈하기 위해서다. 전쟁 준비를 위하여 많은 세금, 물자를 구하기 위해 일제가 만든 제도다.

상가의 검은색 정장도 일제 강점기에 시작된 것이다. '잘 나가는 이들'이 일제의 선진적인 문물을 받아들인 것이다. 굳이 표현하자면 일제의 잔재다. 어느 날 다 없애고 원래 우리의 삼베옷과 굴건으로 돌아가야 할까? 애매하다.

개인적인 의견이지만, 적어도 돌아가신 분이 입는 옷을 바꿔야 한다고 생각한다. 일제가 만든 '돌아가신 분에게 죄수복을!'은 바꿔야 한다.

일제의 잔재니 일본식이고 바꿔야 한다, 는 아니다. 지금부터라도 원칙을 따져서 하나하나 되짚어보자는 것이다.

어떤 경로로 들어왔든 우리 양복의 경우, 일본 고유의 것은 아니다. 수의 문제는 양복 착용과 출발부터 다르다.

수의는 이름부터 다 바꿔었다. '습의襲衣'가 옳다. 습의는 '평소 입으시던 옷 중 가장 귀하고 화려한 것'이 원칙이다. 벼슬살이를 한 경우, 관복을, 선비들은 심의深衣를 입혔다. 상민들의 경우, 가장 화려한 옷은 결혼식 날 입은 옷이다. 결혼식 때 입었던 화려한 옷을 실제 습의로 사용했다. 적어도 수의, 습의 문제는 바꿔야 한다.

잊지 말아야 할 것은 형식이 아니라 정신이다. 그 정신에 따라 형식을 새로 정하자는 뜻이다.

우리 전통적인 장례 절차, 마음가짐이 영영 사라진 것은 아니다.

장례식장에서 상주를 만난다. "돌아가신 분이 연세가 어느 정도였느냐?"고 묻는다. 한국 장례식장의 특이한 부분이다. 돌아가신 분의 연세가 많으면 "수(장수)하셨다"라고 상주를 위로(?) 한다. 이것도 결례라는 의견이 있지만, 그 바탕에는 '상주의 불효에 대한 죄스러움'을 덜어주고자하는 마음 씀씀이가 배어 있다. "돌아가서서 안타깝지만, 그 정도 연세였으면 상주의 잘못은 그리 크지 않으니 너무 죄스럽게 생각하지 마라"는 뜻이다. 한국식 위로의 인사다.

장례식장에서 음식, 육개장을 대접하는 것도 한국만의 특징이다. 유럽, 미국에서는 간단한 예배 절차를 거친 후, 묘지로 모신다. 장례 절차 도중에 식사하는 경우는 없다. 한국의 육개장 대접은 '봉제사접빈객奉祭祀接賓客'의 전통이다.

뒤죽박죽이다. 나쁘다는 뜻이 아니라 뒤섞였다는 뜻이다. 상주가 입는 험한 '죄수복'을 돌아가신 분께 입힌다. 서양식 옷을 입고 군데군데 전통의 요소도 남았다. 남자들은 검은 양복을 입고 여자들은 흰 저고리를 입는다. 서양과 동양, 한국을 뒤섞었다. 꽃으로 빈소를 장식하고, 장례식장에서는 음식을 대접한다. 어느 것이 전통, 정통인지 헷갈린다.

음식도 마찬가지다.

일제 강점기 혹은 해방 후, 음식의 기본요소들은 대부분 일본을 통해서 받아들였다. 대표적인 것이 제분, 제당 기술, 조미료 MSG 만드는 기술, 희석식 소주 제조법, 단팥빵 등 제빵 기술 등등이다. 이른바 '삼백三白식품'은 모두 일본을 통하여 받아들였다. 밀가루, 설탕, 조미료 등이다.

인스턴트 라면, 과자, 각종 음료수, 맥주 등도 마찬가지다.

천일염도 마찬가지다. 일제 강점기 언저리(1907년) 당시 경기도에 속했던 주안에서 천일염 염전이 시작되었다. 을사년의 늑약을 거쳐 이미 조선, 대한제국은 일제의 관리 아래 놓여 있었다. 소금 부족을 해소하기 위하여 일제는 일본, 대만에는 정제염 공장을 세우고, 한반도에는 천일염을 도입했다. 한반도 천일염의 시작이다. 생산성이 떨어지고 땔감을 많이 소비하는 자염煮鹽 대신 일제는 한반도에 '대만의 천일염 제조법'을 들여왔다. 타이완 식 제염법이다. 쉽게 '일제 잔재'로 치부하고 천일염을 버려야 할까?

소금을 버린 후, 밀가루, 설탕, 조미료, 라면, 희석식 소주, 음료수, 맥주, 과자까지 모두 버려야 할까?

오해가 깊어졌다

•

해방과 한국전쟁. 해방 기점으로 15년이 지났다. 음식이랄 것도 없는 음식을 먹고 살아야 했다. 궁핍했다.

1960년대 초반. 박정희 정권 시절, 한식에 대한 오해는 더욱더 깊어진다. 정치적인 공과와 관련 없이 음식에 대해서만 평하자면 박정희 정권 시절 역시 '음식 문화의 암흑기'였다. 절대빈곤의 시기. 음식이 아니라 끼니만 있었다. 사람들은 음식을 챙길 틈이 없었다. 당장 끼닛거리가 걱정이었다.

5천 년을 이어온 절대빈곤의 사슬. 이걸 끊어내는 것은 대통령 박정희의 최고목표였다. 1960년 한국의 국민소득은 79달러, 필리핀은 254달러. 한국은 아시아에서도 가장 가난한 나라였다. "잘 살아보세"는 "밥 한 번 배불리 먹어보세"였다. 박정희 정권의 최고 화두는 식량 자급자족이었다. 분식장려는 분식 강제, 혼식장려는 혼식 강제였다. 먹느냐, 굶느냐를 이야기하는데 식문화가 끼어들 틈이 없다. 당시에는 우리보다 경제적으로 나았던 북한은 끝내 '이밥에 고깃국'을 이루지 못했다.

　'인간 박정희'는 경북 선산군 구미읍 상모리 출신이다. 음식 법도를 따지지만 정작 끼닛거리도 없는 곳이었다. 가난한 집안의 차남이며, 선생이었고, 군인이었다. 음식 문화가 끼어들 여지가 없었다. 절약이 최고의 미덕이었다. 검소하게 먹을 수밖에 없었다. 게다가 열심히 일해야 하니 식사시간마저도 줄여야 했다. 밥 먹는 시간을 아껴서 '증산增産'에 힘을 쏟아야 했다. 곳간에서 인심 난다. 그리고 곳간에서 음식 문화가 생긴다. 곳간이 텅텅 비었는데 문화가 생길 리 없다.

　대통령 박정희의 맛집으로 서울 '하동관(곰탕)', 전주 '삼백집(콩나물국밥)', 대구 '따로 국밥집' 부산의 '돼지국밥집' 등을 손꼽는다. 군인이었던 그는 가는 곳마다 늘 탕반湯飯집을 찾았다. 탕반은 밥과 국 한그릇이다. 반찬이야 뻔하다. 배추김치와 깍두기다. 국에 밥을 말면 간단하게 한 끼 식사가 가능하다.

　'인간 박정희'는 밥 먹는 시간도 아까웠을 것이다. 반찬 열 가지, 스무 가지 놓는 밥상은 사치요 낭비였을 것이다. 나라 살림도 80달러 수준에서 서거 당시 1천 달러 수준이었다. 굶어 죽는 사람들이 겨우 사라지기 시작한 시점이었다.

박정희 대통령 시절 서울 정부종합청사 부근에 한식집 '장원'이 있었다. 그는 '공무원 장원 출입금지령'을 내린다. 여러 가지 이유가 있지만 제일 큰 이유는 바로 "음식이 사치스럽다"라는 것이었다. '장원'의 주인고 주정숙 씨는 죽기 전 대통령 박정희의 음식에 대해 극히 일부분 털어놓았다. "된장찌개에 냉이를 넣어서 소박하게 먹었다". 박정희는, 식사량과 반찬 가짓수가 적었다고 기억했다. 그는 "상다리가 휘어지게 차린 음식을 다 먹고 일은 언제 하느냐?"는 생각을 했을 것이다.

박정희 대통령은 쇠비름나물을 좋아했는데 여기저기 기록에는 "비름나물을 좋아했다"라고 적혀 있다. 쇠비름나물을 본 적도 없고 먹어본 적은 더더욱 없는 대통령 측근이 '쇠비름'을 '비름나물'로 기록했다. 설마 쇠비름을 먹을까, 라고 생각했을 것이다. 쇠비름과 참비름은 전혀 다르다. 쇠비름은 끈적이는 진이 나온다. 대부분 소먹이로 사용한다. 어린 시절 먹어보지 않았으면 먹기 힘든 음식이다. 서울에서는 널리 먹지 않았던 식재료다. 아주 오래 뒤에 "당뇨에 좋은 식재료"라는 소문이 나면서 이번에는 품귀 현상이 벌어졌던 바로 그 나물이다. 경북 북부지방에서는 이 쇠비름도 일상적으로 먹었다. 삶아서 된장에 조물거린 나물이다.

쇠비름을 먹고 자란 사람에게 '장원'의 밥상은 화려함 그 자체였을 것이다. 한식은 이 시절 화려한 밥상, 낭비가 많은 밥상이라고 못박는다.

박정희 정권 시기인 1960, 70년대 사춘기와 청년기를 보냈던 사람들이 공무원이 되고 사회 여론을 이끄는 자리에 앉았다. 아무도 한식을 깊이 생각하지 않았다. 이들도 그저 배운 그대로, "한식은 낭비가 심한 밥상, 잔반, 반찬 가짓수를 줄입시다"라고 나섰다.

여기에 일제의 잔재도 남았다. 박정희 정권에서는 식생활 개선 작업을 했다. 국민들의 영양을 고려하여 식단을 짜고, 낭비하지 않는 밥상을 만들겠다는 노력이다. 화려하고 낭비가 심하며 반찬 가짓수가 많은 한식 밥상을 개선하자는 노력이었다. 문제는 기준점이었다. 우리의 전통을 잊었으니 일본식 밥상을 들였다. 제사상에 홍동백서紅東白西를 적용했다. 붉은 과일은 동쪽, 흰 과일은 서쪽이라는 개념이다. 일본식이다. 실제 적용해보면 붉은 과일과 흰 과일의 구분이 애매하다. 사과는 겉이 붉고 속이 희다. 붉은 과일인가, 흰 과일인가? 수박은, 참외는?

홍紅과 백白으로 가르는 것도 일본식이다. 일본 NHK의 연말가요 축제가 홍백가합전紅白歌合戰이다. 일본인들은 홍과 백으로 가른다. 우리는 홍紅과 청靑이다. 신혼부부가 베고 자는 베개는 청실, 홍실로 수를 놓는다. 태극기는 붉은색과 푸른색, 홍과 청으로 나뉜다. 홍은 땅이고 청은 하늘이다.

우리의 전통적인 제사상에는 홍동백서도 조율이시도 없다. 억지 춘향으로 꿰맞춘 것이다. 조율이시는 대추, 밤, 배, 곶감이다. 견과류인 잣은 빠졌다. 엉뚱하게 배와 감(곶감) 같은 과일이 견과류, 대추와 같이 들어 있다.

가정의례준칙도 마찬가지. 검소, 절약, 줄이자는 노력이 엉뚱하게 나타났다. 1960년대에 만들었던 것인데 지금의 시각으로 보자면 오히려 화려하고 복잡하다. 너무 복잡해서 정부에서 줄이고자 노력해서 만들었지만, 그것마저 너무 화려하고 복잡한 것이다.

한식의 문제

·

더 근본적인 문제는 따로 있다.

한식의 가장 큰 문제점은 바로 '밥반찬과 술안주의 혼동, 혼돈'이다. 여기에는 '명월관' 류의 요릿집들, 한정식집들이 얽혀 있다.

안순환의 '명월관'에서 비롯된 호화로운, 궁중의 이름을 얹은 요리상들. 이 요리상이 일제 강점기 대부분 요릿집의 술상이 되었다. 여기서 일을 한 사람들 상당수는 해방, 한국전쟁 후 일본식 요정 주방에서 일한다. 요정(料亭, roytei)은 1960년대에 번성하다가 1970년대를 넘기며 서서히 사라진다. 박정희 정권 시절, 요정은 서서히 고급 한정식집으로 탈바꿈한다.

인터넷 매체 'factollblog'의 기사다. 긴 내용 중 일부를 인용한다.

서울 종로구 일대의 유명 한정식집들은 한때 요정料亭이라 불리며 시대를 풍미한 곳들이다. ▲요정은 원래 '료우테이'라는 일본 말로, 요릿집을 부르는 말이다. ▲이 요정이 우리나라에 전해지면서 요릿집으로 바뀌었다 한다. ▲기생들이 술 시중을 들었던 요정은 1960년대 이후 일제히 한정식집으로 바뀌었다. ▲이유는 세금 때문이었다고 한다.

요정, 일본식 료우테이, 한정식집, 기생 등이 키워드다. '세금 때문에' 라는 표현은 지금도 일어나는 현상이다. 고급 술집, 접대부가 있는 유흥

업소와 일반음식점의 세금(세율) 차이는 크다. 료우테이, 요정은 술집이다. 기생이나 접대부가 있다. 유흥업소다. 세율이 높다. 왜 한정식집으로 바꾸었을까? 영업이 되지 않으니 바꿨다. 왜 세금이 높았을까? 돈을 많이 버니 세율, 세금이 높았다. 당연한 이야기다.

한식을 서양식 '코스 요리'로 바꾼 것

서울 도심에서 유명 한정식집이 몰려 있는 곳은 종로구 인사동, 효자동 등 청와대 인근으로 정치-언론 권력의 이동 반경과 무관하지 않다. / 한국학중앙연구원의 주영하 교수는 '음식 전쟁, 문화전쟁'이라는 책에서 "한정식韓定食은 원래 서양의 코스요리에 대응하여, 정부에서 행정적 편의를 위해 만들어낸 말"이라고 했다. / 주영하 교수에 따르면, 한정식은 1970년대 문교부 장관을 지낸 민관식 씨의 부인이 한국을 방문한 외국 귀빈들에게 한식을 서양식 코스요리로 서비스하면서 시작됐다고 한다. 주 교수는 "한정식은 밥과 탕 그리고 김치가 기본 음식으로 나오는 것은 전통적인 상차림과 다를 바 없으나, 요리의 가지 수는 식당의 마음이며 요리사 마음대로였다"고 했다. / "원래는 요정… 세금 때문에 한정식집으로 변했다." / (중략) / 비록 1964년 한정식을 판매하는 식당으로 바뀌었지만, 이전의 명성으로 인해 (요정들은) 1970년대 말까지 정치인들이 막후 정치를 펼치는 장소로 쓰였다. 특히 요정 장원은 한때 '장원 대학'이라 불릴 정도로 마담 양성소였다. 이 장원 대학 출신들이 오늘날에도 효자동과 인사동에 있는 한정식 식당의 마담으로 일하고 있다. / "기생들, 수수료 내고 요리점 소개받아 생활." / 요정은 원래 일본에서 만들어진 말로, '료우테이料亭'라는 요릿집을 일컬었다. 이 요정이 우리나라에 전해지면서 요릿집이 됐다고 한다. 요정에는 술자리 흥을 돋우던 기생이 빠지지 않았다. / 요릿집(요정)과 기생은 과거 화류계의 상징과도 같았다. 중앙대 역사학과 장규식 교수는 《서울, 공간으로 본 역사》라는 책에서 서울에 기생 요정이 등장한 배경을 이렇게 설명하고 있다. / 〈기생들은 본래 궁중이나 지방관청에 딸린 식구였다. 그러나 1894년 갑오개혁 때 기생이라는 직업이 혁파되면서 자유업자로 처지가 바뀌었다. 그 후 기생들은 기생조합(일제강정 후 일본식 권번으로 바뀜)에 가입하여 일정액의 수수료를 내고 요리점에 소개를 받아가며 살길을 찾았다.(중략) 1908년 서울의 관기 출신을 중심으로 조직한 한성기생조합(한성권번)이 그 원조였다. 이후 평양 기생이 중심이 된 다동조합(대동권번)이 그 뒤를 이었고, 1917년 경상, 전라의 기생을 중심으로 설립된 한남권번이 지금의 종로2가 삼성생명빌딩 뒤편 종로외국어학원 주차장 자리에 둥지를 틀었다. 요리점과 기생은 해방 후에도 정치인들의 밀실 정치를 의미하는 '요정정치'라는 신조어를 만들어내며 한동안 성업을 하였다.〉

갑오개혁 때 신분제도가 무너졌다. 기생은 신분이었지만 갑오개혁을 거치며 모두 사라졌다. 천민, 종속된 종이었다. 기생은 각 관청이나 중앙의 궁궐 등에 종속된 종의 신분이었다. 갑오개혁을 거치며 신분제도가 없어지고 반상의 구별이 사라졌다. '종의 신분'이 없어지며 기생 신분도 없어졌다. 당장 살길이 막연했을 것이다.

일제의 권번 제도는 신분과 더불어 일터, 직업도 잃은 '기생 아닌 기생'들에게는 새로운 일터를 제공하는 것이었다. 우리가 그리는 바로 그 기생이다. 조선시대 기생과는 전혀 다르다.

서울 3대 요정… 청운각, 대원각, 삼청각 / 한국 요정의 산 역사인 명월관과 함께, 1950~1970년 서울엔 이른바 '요정 3각'이라 불리는 요릿집들이 있었다. 바로 청운각, 대원각, 삼청각이다. 이들 가게는 모두 '요정 정치', '밀실 정치'의 장소로 사용되었다. 한국학중앙연구원의 주영하 교수는 이 세 요정에 대해 이렇게 쓰고 있다. / 〈제3 공화국 때 외무부장관을 지낸 이동원 씨가 쓴 《대통령을 그리며》라는 책에는 "이미 자유당 때부터 청운각은 이름만큼이나 야망이 있는 실력자들이 구름처럼 몰려들던 곳이다. 아마 4공의 비밀을 궁정동이 간직하고 있다면, 3공의 비밀은 청운각의 기둥에 배어있지 않았나 싶다"고 적혀 있다. 서울 효자동 산중턱에 자리한 청운각은 1956년 한일 회담이 성사된 곳이다. 1972년 남북조절위원회와 남북적십자회담에 때맞춰 지어진 서울 성북동의 삼청각은 대원각과 함께 권문 세도가와 외국인들의 발길이 끊이지 않았던 곳이다.〉/ 청운각은 현재 헐리고 없다.

삼청각은 남북회담 이후에도 정부 차원의 국빈급 외국인 접대 장소로 이용됐다. 특히 정·재계 인사들의 은밀한 사교 장소로 각광을 받았다. 그러나 1990년대 들어서는 일본 관광객을 상대로 하는 기생 파티장으로 이용되면서 사회적 비난을 받았다. 영업 부진을 겪던 삼청각은 '예향'이라는 이름의 한정식집으로 운영되다가 한 중소업체에 팔렸다. 이후 서울시로 소유권이 넘어간 삼청각은 현재, 세종문화회관이 음식점으로 위탁운영하고 있다./대원각은 이승만 전 대통령의 별장으로 사용됐을 만큼 풍광이 수려했던 곳이다. 3공화국 시절 이후락 전 중앙정보부장과 재벌들의 밀실 회동 장소로 자주 이용됐다. 성북동 대원각 자리엔 현재 길상사가 들어섰다./(중략)/익선동 오진암 기생관광의 대표적인 곳/3대 요정 외에 오진암梧珍庵도 빼 놓을 수 없다. 1953년 종로구 익선동에서 영업을 시작한 이 가게는 1972년 이후락 중앙정보부장과 북한 박성철 제2부수상이 만나 7·4 남북공동성명을 논의하면서 유명해졌다. 57년 동안 영업을 해오던 오진암은 2010년 7월, 재정난을 이기지 못하고 폐업했다./(중략)/"2000년까지는 운영할 정도가 됐는데 노무현 전 대통령 때 성매매 단속을 강화한 이후 서울 시내의 요정이 다 죽고 장사가 잘 안되기 시작했다. 박정희 대통령 시절 관광요정이 10개 있었는데 오진암이 1호였다. 그때 관광 활성화로 일본인도 많이 들어오고 내수 경기가 풀려 손님이 많았다. (최전성기에 요정이) 200개가 넘었는데 지금은 강남 3곳, 강북 2곳뿐이다."

한식과 관련하여 몇몇 가지 재미있는 내용을 엿볼 수 있다.

한정식 전문점의 시작은 요정이다. 요정은 일제 강점기부터 있었던 일본식 요릿집이 그 전신이다. '궁중료리'를 내놓던 명월관 등 일제 강점기 한반도의 요릿집이 바로 일본 요정을 본뜬 것이다. 이게 해방된 한반도의 요정이 되었다가 1960년대를 넘기며 한정식집이 된다. 이름만 바뀌었을 뿐, 주방은 그대로다. 일제 강점기 일본식 요릿집, 명월관류의 술집 주방에서 일하던 이들이 궁중료리를 중심으로 음식을 배우고 내놨다. 이 음식이 요정을 거쳐 한정식 전문점으로 전달된다.

요정이 망한 이유는 두 가지다. 첫째는 성매매다. 음식을 팔지 않고 성을 팔았으니 당연한 결과다. 성매매를 막으니 엉뚱하게 음식점이 망했다. 성매매가 없어진 것은 아니다. 장소가 요정에서 강남의 룸살롱으로 바뀌었다. 기생 대신 '텐프로 아가씨'로 바뀐 것이다.

사회 시스템이 바뀌었다. 일본식뿐만 아니라, 일본, 동남아, 중국, 미국, 유럽의 음식들이 들어온다. 국민소득이 달라지고 식생활도 달라진다. 요정, 한정식집들은 이 변화에 대응하지 못했다. 사라진 이유다.

문제는 한식이다. 일제 강점기 술집 – 해방 후의 요정 – 한정식집들로 이어진 음식의 계보도 엉망이 되었다. 게다가 처음부터 잘못 꿴 단추다. '명월관'의 안순환이 그렸던 '궁중료리'는 정통 한식도 아니다. '궁중'의 이름을 붙여 높은 가격의 술집 안주를 팔았을 뿐이다.

길을 잃다

●

한식은, 시쳇말로 '폭망'이다. 길을 잃었다. 음식 만드는 이들이 죄다 원본 없이 복사본을 그리고 있다. 한식, 한식의 정신도 모른 채 '퓨전 한식'만 그리고 있다.

국가, 행정부의 관리들도 모르고, 시중의 음식 만드는 이들도 모르는 사이, 모든 상황이 급격히 바뀌었다. 1960, 70년대, 모든 것이 바뀌는데 정작 한식은 길을 잃었다. 우리는 여전히 '길을 잃은 한식'에서 헤매고 있다. 불행은 한 번도 제대로 정리하지 않았다는 점이다.

프랑스 음식에는 궁중음식, 수도원 음식, 각 지방 음식, 귀족 음식이 따로 존재하지 않는다. 우리는 국토 면적, 인구가 프랑스보다 작고 적다. 한반도에는 궁중음식, 사찰 음식, 향토 음식, 반가음식이 따로 존재한다. 제정 시대 프랑스의 황제, 귀족들은 상상하지 못할 정도로 사치했다. 힘도 강했다. 그런데 왕의 음식, 귀족 음식이 존재하지 않는다.

조선 말기 100년. 순조, 헌종, 철종, 고종, 순종은 약한 왕들이었다. 신하들이 윽박지르고, 친일파, 친러파, 친중국파들이 겁박했다. 그런데 왕의 밥상이라고?

우리는 지금 일제 강점기와 박정희 정권 시절의 굽은 시각과 잣대로 21세기의 한식 밥상을 재단하고 있다. 모르고 판단하면 한식은 낭비가 심한 밥상이다.

한식은 변명 한 번 해보지 못했다. 낭비가 심한 밥상, 음식들이 짜서 생활습관병을 잘 일으키는 밥상, 조미료 덩어리 음식이라고 낙인찍혔다. 한식의 이런 모습은 왜곡된 우리 시대의 것이다. 한식이 불쌍하다. 이렇게 '불쌍한' 한식을 들고 외국으로 나가겠다니, 또 세계화를 하겠다니, 이건 도무지 무슨 배짱인지 궁금하다.

무너지는 왕조의 끝부분, 왕실에서 사용한 음식들을 기록한 《진찬의 궤進饌儀軌》나 《진연의궤進宴儀軌》의 음식들을 재현하고 그걸 궁중의 음식, 왕이 먹던 음식이라고 내놓는 일은 한식을 복원하는 일이 아니다. 이런 식의 한식 복원은 우리 시대 문화적 문맹文盲이다.

한식, 다시 되짚어야 한다. 오늘날 우리의 고급 한식, 한정식 밥상은 탐욕스럽고 천박하다. 요릿집 술안주를 놓고 밥을 먹는다. 술상을 받아들고 밥상인 줄 안다. 세상에 이런 코미디가 없다.

한정식도 마찬가지다. 몸(한상차림 한식)에 억지로 옷(코스요리)을 입히다 보니 부작용도 있다. 손님들의 선택권이 없어졌다. 차례대로 나오니 "먹느냐, 마느냐?"만 선택할 수 있다. 순서도 음식의 내용물도 제대로 정하지 못했다. 열린 음식이 닫힌 음식이 되는 순간이다. 뿌리도 정확지 않다.

한식의 한상차림은 '밥+국+반찬'의 구조다. 반찬은 흔히 '밥반찬'이라고 부른다. 반찬은 밥을 먹기 위해서 존재한다. 오늘날 우리의 한식 밥상에서 밥의 존재는 미약하다. 밥은 거저 거들뿐이다. 쌀 품종, 밥 짓는 정성을 챙기지 않는 이유가 있다. 주인이 주인 노릇을 못 하니 천대하는 것이다. 밥을 먹으러 가면서 정작 밥의 질을 챙기지 않는다. 우리는 술상으로 밥을 먹는 기형적 밥상을 만들었다. '술상의 밥'은 있어도 그만, 없어도 그만이다. 그저 한술 뜨는 흉내를 낼 뿐이다. 그런 '사소한' 밥에 신경을 쓸 주방, 식당 주인은 없다.

반찬 격인 요리의 염도 문제, 재활용 문제, 도무지 요령부득의 코스 내용, 밥과 쌀에 대한 천대 등은 바로 이런 기형적 밥상에서 유래한다. 한정식이 온도를 유지하기 위하여 개발했다는 말도 되짚어 생각해보아야 한다. 틀린 말이다.

한정식, 이제 겨우 50년 남짓의 역사다. 장점도 많지만, 단점도 있다. 우리가 받아들여야 할 방식인지 아닌지는 앞으로의 역사가 말해줄 터이다.

주방 도구는 그릇과 다르다

•

그릇에 대해서도 한 번쯤은 되짚어야 한다.

한식 밥상에는 펄펄 끓는 국물이 올라오지 않았다. 국물은 솥에서 끓인 다음, 그릇에 퍼담아서 내놓는다. 솥에서 그릇으로, 상에 올리는 과정을 거치며 어느 정도 식는다. 국물은 따뜻하다. 뜨거운 것은 아니다. 이게 원래의 모습이다.

주방 도구는 그릇과 다르다. 주방 도구는 부엌에서 사용하고, 그릇은 상에 놓는다. 솥과 냄비는 주방 도구다. 이게 밥상으로 올라온다. 아니다. 주방 도구로 조리한 다음, 국자로 떠서 그릇에 담은 다음 밥상에 올려야 한다. 상식이다. 이걸 어긴다. 우리는 그릇이 아니라 주방 도구에 음식을 담아서 먹는다. 서양인들이 오븐째로 식사를 하는 형국이다.

설혹 냄비, 솥이 밥상에 오르면 주걱이나 국자로 떠서 그릇에 담은 다음 먹어야 한다. 솥을 밥상에 두고 온 식구가 퍼먹는 것은 문화도, 문명도 아니다. 가난한 이들이 그럴 수는 있지만 그게 법도에 맞는 일은 아니다. 냄비로 끓인 다음, 냄비 채로 밥상에 올린 다음 퍼먹는 것은 오래전 거지들의 음식 먹는 방식이다. 그걸 굳이 따를 이유는 없다.

'시커먼 뚝배기'는 한식의 참사慘事다.

불에 펄펄 끓이니 멸균이 된다. 주방에서도 좋아한다. 위생 문제가 해결된다. 간편하고 바쁜 식사시간에 음식을 내놓기 편리하다. 색깔이 검으니 때도 잘 타지 않는다. 매일 불로 소독을 하는 셈이다. 편하다. 가격도 싸다. 사용하기 좋다.

1인분으로 나오니 손님도 좋아한다. 내 것으로 편하게 먹어도 된다. 다른 사람들의 숟가락이 닿지 않으니 좋다.

그러나 밥상의 색깔은 엉망이다. 편리하고 값싸게 이용할 수 있지만, 음식을 담는 그릇으로는 절망적이다. 검은색에 국물이 묻으면 엉망진창이 된다. 블로그들이 사진을 찍으면 참 먹음직스럽지 않다. 왜 외국 음식의 그릇, 데코레이션을 부러워하면서, 국민소득 3만 달러 시대에 이런 그릇을 쓰고 있을까? 주방 도구도 아니고 식기도 아닌 묘한 존재. 누구나 점심시간이면 이 그릇에 찌개, 탕, 국물 음식을 담아서 먹는다. 주방에서 갓 내놓으면 여전히 펄펄 끓는다. 조그만 부주의하면 혓바닥이나 입천장을 데기도 한다. 검은 뚝배기에 국을 담아서 먹는 것은 솥째로 밥을 퍼먹는 것이나 마찬가지다. 1인용 돌솥에 밥을 짓더라도 반드시 밥그릇에 밥을 퍼서 옮긴 다음 먹는 것이 원칙이다. 당연하다. 뚝배기는 주방 도구다. 국, 찌개를 그릇에 옮긴 다음 먹는 것이 원칙이다.

외국인들이 한식을 디자인한다?

•

국민소득이 조금씩 높아지면서 이번엔 엉뚱한 '쇼비니즘chauvinism적 민족주의'가 음식 문화에 스며들었다. '우리 음식이 최고'라는 엉뚱한 주장이다. 한식이 무엇인지, 한식의 어떤 점이 최고인지에 대해서는 아무도 거론하지 않았다. 외국인들의 평가, 외국인들의 선호음식에만 관심이 있었다. 지금도 그러하다.

우리는 한식이 무엇인지 고민하지 않고 한식이 외국으로 소개되는 일에만 관심이 있었다. 물건도 제대로 만들지 않고 마케팅, 판매에만 신경을 쓰는 꼴이다. 지금도 우리는 외국인들의 '별 평가'에 귀를 기울인다. 국가 기관과 재벌 그룹까지 나선다는 소문이 돈다. 이명박 정권에서 한식 세계화를 한다고 나선 것이 이명박 정권만의 '뻘짓'일까? 아니다.

우리는 오래전부터 '음식 잘 만드는 사람들'로 인정받았다. 무려 2천 년 전이다.

《삼국지위지동이전》'고구려 조三國志魏志東夷傳 高句麗 條'에서 중국인들은 고구려인들을 두고 '능가무 선장양能歌舞 善醬釀'이라고 표현했다. 고구려 사람들은 춤추고 노래 부르는데 능하며 장과 술을 잘 담근다는 뜻이다. 춤과 노래는 이미 한류로 증명되었다. 2차 한류는 장과 술 즉, 음식이다.

이미 약 2천 년 전에 중국인들이 한식이 대단하다고 증명했다. 그런데 왜 자꾸 수준이 떨어지는 외국 음식의 잣대로 한식을 재단하는 것일까? 게다가 한식 세계화에 대한 무원칙도 심각하다. 우리 음식을 외국인의 잣대로 재단하여 알리려고 한다.

왜 외국의 유명한 '음식점별'로 한식을 재단하는지에 대해서 아무도 고민하지 않았다. 그저 "외국 관광객이 별표를 보고, 인정하고 몰려들 테니까"라고 답했다. 그래서 창피한 줄도 모르고 광고비를 주고 책을 내도록 했다.

그래서 갖가지 코미디가 일어났다. 음식이라고는 햄버거와 콜라뿐인 미국인들의 잣대로 한식을 재단하고, 일본 음식처럼 꽉 닫혀 있는 프랑스 음식의 잣대로 한식에 별을 매기는 엉터리 짓을 서슴지 않았다. 식당에 별을 매기며 유난을 떠는 것은 기껏 프랑스, 일본, 미국 등이다. 한식과 비슷한 이탈리아는 프랑스의 바로 곁에 있으면서도 '별'에 대해서 일본처럼 유난을 떨지 않는다. '별 평가'를 두고 프랑스보다 더 호들갑을 떠는 것은 일본뿐이다. 그런데 "별을 받으면 한식이 세계화하는 데 유리하다"고 말하는 얼치기들이 있다. 일본 초밥이나 사시미, 태국 음식이 '별 평가'를 받아서 세계적으로 유명해진 것은 아니다. 정작 프랑스 곁에 있는 이탈리아는 무덤덤한데 일본이 유난을 떤다.

프랑스 음식과 일식은 '닫혀 있는 음식'으로 서로 비슷하다. 일식도 프랑스 음식처럼 유난을 떤다. 두 음식은 식재료의 진귀함을 따진다. 어느 지방 것인지도 꼼꼼히 따진다. 정해진 방식으로 음식을 만드는 레시피도 철저하게 고집한다. 칼질의 섬세함을 귀하게 여기는 것도 똑같다. 모든 음식의 배치가 자로 잰 듯이 반듯하다. 음식 큐레이터, 코디네이터가 유난을 떤다.

두 음식 모두 후식(디저트)을 끔찍하게 여긴다. 음식전문가 중에는 "잘 만든 현지 이탈리아 음식에 프랑스식으로 만든, 겉보기에 예쁜 후식 한 두 개를 더하면 미쉐린 별이 더해진다"고 이야기하는 이도 있다. 코미디다. 제대로 음식을 만들면 외국으로 알리는 일은 자연스럽게 진행된다. 점심마다 대부분 직장인이 검은 뚝배기에 음식을 담아 먹는 나라다. 이것부터 고쳐야 한다. 아무리 음식 배치와 코디네이션을 신경 써도 나아질 리가 없다. 음식점 별? 음식을 모르는 이들이 만든 허상이다.

이탈리아와 한국은 일본, 프랑스와 다르다. 열려 있는 음식이다. 섬세한 칼질과 진귀한 식재료를 우선시하지 않는다.

'저갯 서베이ZAGAT Survey'. 미쉐린은 전문가의 암행조사로 음식, 식당을 평가한다. 이때는 전문가의 검증 실력과 검증 여부가 문제가 된다.

저갯 서베이는 미국식이다. 인기 투표 방식이다. 원래는 소비자들의 솔직한 견해를 담음으로써 인기를 얻었다. 문제가 있다. 대중적으로 인기 있는 음식이지 최고의 음식, 최고의 식당은 아니다. 진정성이 담겨 있는 음식은 더더욱 아니다. "1+1=?"이란 질문에 "3"이라고 대답한 사람들이 많다고 '3'이 정답은 아니다. 일반 소비자들이 좋아하는 집이고 대중적인 집이지 잘 만든 음식, 의미가 있는 식당은 아니다. 더더구나 한국이다. 각종 홍보 마케팅용 포스팅이 넘쳐난다. 옥석을 가리기 힘들다. 카드 회사 등에서 숱하게 홍보, 마케팅했지만 대단한 반향이 있는 것 같지는 않다.

한식의 우수성, 한식의 고귀함을 말하고자 함이 아니다. "한식이 어떤 음식인지?"에 대해서 먼저 짚자는 이야기다. 다른 부분은 자주권을 외치면서 왜 음식은 외국인들의 시선을 의식하고 그들의 잣대로 재단해야 하는지 아무도 고민하지 않는다.

그러니 여러 가지 코미디 같은 일이 벌어졌다. 대통령 부인이 한식을 세계화하겠다고 나선다. 미국의 한식당을 기획하니 당장 현지 교민들이 결사반대한다. 흐지부지 접었다. 떡볶이와 양념 치킨이 대표적인 한식으로 외국으로 수출되었다.

한식이 걸어가야 할 길

•

한식은 깊다. 드라마 한두 편으로 간단하게 세계화를 기획할 얕은 음식이 아니다. 즐겨보는 일본 음식 만화에서 '음식은 생명을 다루는 일'이라는 글귀를 봤다. 인간은 슬픈 존재다. 다른 생명체를 죽여서 먹으며 내 생명을 잇는다. 모든 식재료를 귀하게 다루어야 한다. 식재료는 곧 생명체다.

풀뿌리 하나도 소중하게. 한식의 정신이다.

음식은 장맛이다. 장은 한식의 핵심 레시피다. 음식 만드는 비법은 없다. 정성을 더한 장과 내가 구할 수 있는 가장 흔한 식재료로 음식을 만든다. 좋은 식재료, 좋은 비법의 레시피라고 유난 떨 일은 아니다. 비법? 탐욕이다. 비법은 좋은 음식이 아니라 잘 팔리는 음식을 만드는 이들의 레시피다.

음식은 세 번 만든다. 손으로 만들고, 머리로 만들고, 가슴으로 만든다. 손으로 만들면 입에 남고, 머리로 만들면 몸에 남는다. 가슴으로 만든 음식은 가슴에 남는다.

다시 한 번 적는다.

검이불루, 화이불치儉而不陋 華而不侈.
검박하나 누추하지 않고, 화려하나 사치스럽지 않다.

한식의 길이다.

한식을 위한 변명

초판 1쇄 인쇄 | 2019년 5월 20일
초판 1쇄 발행 | 2019년 5월 24일

지은이 | 황광해

발행인 | 정욱
편집인 | 황민호
출판사업본부장 | 박종규
편집장 | 박정훈
책임편집 | 백지영
마케팅본부장 | 김구회
마케팅 | 이상훈 김학관 조안나 김종국 반재완 이수정 임도환
국제판권 | 이주은
제작 | 심상운
그림 | 불밝힌작업실
디자인 | 데시그 윤설란

발행처 | 대원씨아이㈜
주소 | 서울특별시 용산구 한강대로 15길 9-12
전화 | (02)2071-2019 **팩스** | (02)797-1023
등록 | 제3-563호
등록일자 | 1992년 5월 11일

ⓒ 황광해 2019

ISBN 979-11-362-0067-9 03900